苦労人大家だからわかる、考えるべき本当の話

不動産経営は「人」で決まる！

著 加藤 隆

JN032783

Pan Rolling

まえがき

1）不動産経営は「人」で決まる！！

　不動産経営は「人」で決まります。

　不動産経営においては、預貯金や外国為替、貴金属、株式投資などのマネーゲームと違って、常に、「人」との接点があります。

　例えば、不動産会社（設計・施工、販売・仲介、建物管理・賃貸管理）や金融機関、損害保険会社、各種士業（弁護士、司法書士、土地家屋調査士、宅地建物取引士、不動産鑑定士、税理士等）など、さまざまな人と接することとなります。まずは、本書の入口として、それぞれ、簡単に説明します。

●

①不動産会社

　不動産物件を設計・施工してもらったり、仲介してもらったり、売却してもらったり、建物管理・賃貸管理してもらったりなど、不動産経営におけるさまざまなライフサイクルで、不動産会社にはお世話になります。優良物件を割安価格で購入できるケースも、突き詰めていくと、その源流には**「信頼関係を築いた不動産会社の担当者がいたから（＝担当者が情報を回してくれたから）」**という状況が見られます。こういう話は、実際、よくあることなのです。

　そればかりではありません。信頼できる不動産会社があるからこそ、建物管理や賃貸管理も任せられます。自身の手を必要以上に煩わせることなく、自動操縦状態で回る仕組みを構築できるわけです。

②金融機関

　不動産を現金で購入するならいざ知らず、通常は、金融機関から資金調達を受けて物件を購入します。

　借入金を活用できれば、お金が貯まるのを待つまでもなく、良い時期に、高額の物件も"買う対象"にできます。

　低金利で資金を調達し、高利回りで運用できれば、イールドギャップ（運用利回り－調達金利）や、"てこ"の原理（レバレッジ）で、「投下自己資金当たり利回り」を向上させることも可能です。

　また、国家財政破綻によって紙幣が増刷されたり、国債が増えたりした結果、「インフレ」が起こったときには、お金の価値は減り、実物資産の価値が増えますから、借入金の実質負担は目減りします。逆に、不動産は相対的に値上がりすることとなります。

　さらには、団体信用生命保険（団信）を活用した生命保険機能や節税機能（支払金利、不動産評価が低いことを活用した相続税圧縮）もあります。

　付随的なこととして、金融機関が準第三者的な目線で、自分と物件を評価してくれます。これらは、借入金を活用した場合のメリットです。返済実績を積み上げ、金融機関との信頼関係を構築できれば、金利を引き下げてもらえることもあります。

　なお、他の金融機関の担当者から借り換えを提案されることもあります。借り換えた結果、金利の引き下げや借入期間延長などが実現できると、毎月のキャッシュフローが向上することもあります。

③損保保険会社

　不動産投資は、その性質上、普通は"長期投資"になります。長く投資しているうちには、天変地異など、予測できないリスクが起こる怖れも考えられます。

　ここで登場するのが、損害保険会社です。損害保険会社の損害保険

付保によって、火災・地震・台風などの予期せぬリスクの移転を図ることができます。

④各種士業

不動産投資上の専門的なことに関しては、各種士業の先生方のお世話になります。以下のようなイメージです。

◎法的なトラブルが起きたとき→弁護士

◎不動産登記→司法書士

◎新築時の建物保存登記→土地家屋調査士

◎不動産売買時の重要事項説明・売買契約締結→宅地建物取引士

◎不動産評価→不動産鑑定士

◎税務申告→税理士

「何でも自分でしよう」と、自分自身で勉強したり、資格を取ったりすると、相当な時間・経費を要します。浅く広く、ある程度までのノウハウは身につけるべきでしょうが、専門的なことについてはプロに任せてしまうのもひとつの手です。

●

以上、不動産投資に欠かせない関係者を挙げました。

賢明な読者の皆さんはもうお気づきかもしれませんが、不動産会社や金融機関、損害保険会社といっても、実際に接するのは担当者なのです。

担当者も人間です。「自分は客だから」という理由で上から目線で接しては嫌がられます。だからといって、へりくだる必要もありません。対等なパートナーという意識でいくべきだと思います。お互いに、

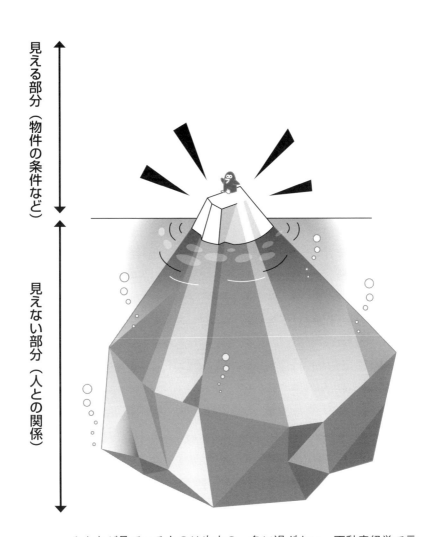

見える部分（物件の条件など）

見えない部分（人との関係）

みんなが見ているものは氷山の一角に過ぎない。不動産経営で言えば、「駅近」や「利便性」といった、良い物件の条件などが該当する。でも、本当に大事なのは目に見えない部分。不動産経営で言えば「人との関わり」が該当する。

WIN・WINの関係が理想です。

担当者との信頼関係を構築しておけば、流動性の高い不動産業界において、（担当者が）他の会社に変わっても、違う業界に移っても、お付き合いが続くことも多いものです。そういった関係も嬉しいものですし、むしろ、そういう関係を築いていくべきなのです。

2　資産運用における不動産経営

資産運用とひとことで言っても、現預金や外国為替、貴金属、株式投資、不動産など、多種にわたっています。

大きく分類するとすれば、流動資産（すぐに現金化できるもの）として、現預金や外国為替、貴金属、株式投資、固定資産（すぐに現金化できないもの）として不動産でしょう。

流動資産のほうは、すぐに現金化できるので、別途、使途のある資金でも運用可能です（ただし、値下がりリスクはあります）。

一方、固定資産については、すぐに現金化できませんので、使途のある資金を活用すべきではありません。

そもそも、不動産などは、各種手続きや買主の融資受けなど、通常、数カ月の期間がかかります。無理に急いで売却しようものなら、足元を見られて、二束三文で買い取られてしまいます。いわゆる「物上げ業者」です。

不動産投資の場合は、資産運用ではあるものの、"一種の経営"として捉えるべきです。不動産物件を選定し、金融機関からの融資受けをし、物件を購入するのも大変です。そして、購入してからは、運営が始まります。家賃等の条件設定や入居者の選定・確保、賃貸借契約締結、各種トラブル（水漏れや故障、騒音、ゴミ出し、廊下整理、駐輪など）対応、家賃回収、入居者退去管理（現状確認、敷金精算など）、原状回復やリフォーム、入居者再募集など、ひとつの物件を運営して

いくという考えのもとで、利益を出すために、じっくり取り組む必要
があります。

3　不動産経営のリスク・デメリット

　不動産経営においても、当然、リスクはあります。代表的なものは、
資産固定化というリスク・デメリットです。その他にも、以下のよう
な、リスク・デメリットが考えられます。

◎自然災害（地震、二次被害としての火災・建物倒壊など）
◎少子高齢化・人口減・不景気等による家賃下落・資産価値下落・バ
　ブル崩壊
◎耐震偽装・違法建築
◎悪徳不動産会社・悪徳金融機関トラブル（各種書類偽造・不正融資等）
◎修理費・大規模修繕費
◎家賃滞納
◎入居者トラブル（騒音・ゴミ出し、不自然死・自殺・他殺等）
◎空室（敷金返却・リフォーム・空室フリーレント時家賃なし・広告
　費・家賃下落）　など

　リスク・デメリットというものは、おばけと一緒で、よくわからな
いから怖いのです。

　しかし、洗い出しをし、事前にリスク対策（損害保険付保、リスク
分散等）を講じておけば、ある程度、対処できるものです。ある程度
のデメリットを承知のうえで、ある程度のリスクを取っているからこ
そ、メリット・リターンを享受できるものです。

　デメリット（リスク）がひとつもなく、メリット（リターン）ばか
りが目立つということがあれば、それは、詐欺かもしれません。

不動産業界や金融業界は、不祥事やコンプライアンス違反が多発していても、いまだに整備されていません。魑魅魍魎（ちみもうりょう）の世界で、悪徳不動産会社や悪徳金融機関が跋扈（ばっこ）しています。

何かあっても、誰も助けてはくれません。自分の身は自分で守るしかありません。弁護士や宅地建物取引協会、国土交通省、金融庁、消費者庁、裁判所など、各種団体はありますが、ほとんど機能していないのが実態です。

4　リスク分散

リスク対策として、最初はリスクの低いやり方を実行し、その後、徐々にリスクも取りつつ、やがては、リスク分散に持っていく手法を、私は採用しています。以下のようなやり方です。

◎エリアとしては、東京から地方（博多・札幌・名古屋・京都・小樽・千葉）へ

◎不動産形態として、区分所有マンションから、一棟物（アパート・マンション・戸建て）へ

◎構造として、鉄骨鉄筋コンクリート（SRC）・鉄筋コンクリート（RC）から、木造・鉄骨造りへ

◎築年数として、新築から築浅、中古へ

◎固定金利から変動金利へ

◎借入金の自己資金割合として、10％から５％、フルローン、オーバーローンへ

◎「団体信用生命保険（団信）あり（パッケージ型ローン）」から「なし（事業用プロパーローン）」へ

5 不動産経営のリターン・メリット

　不動産経営には特有のリスクがあるものですが、他の資産運用とは違った特徴やメリット・リターンがあるのも事実です。それは、以下の通りです。

◎借入金を活用できること
◎家賃という安定収入（インカムゲイン）があること
◎値上がり益（キャピタルゲイン）もあり得ること
◎団体信用生命保険（団信）という生命保険機能があること
◎節税機能があること（所得税・住民税、相続税）
◎紙幣や国債増刷の中、インフレが起こったときには、相対的に、家賃・不動産の価値は上がること（紙幣価値が下がり、借入金の負担は下がるため）
◎法令、会計・税務、不動産のスキルが身につくこと
◎人脈形成（不動産会社・金融機関・各種士業・不動産経営仲間など）が可能なこと
◎社会貢献（住宅供給・自己救済）ができること

　特に、借入金を活用すると、不動産経営の威力は高まります。考えられるものとして、以下の特徴・メリット・リターンがあります。

◎金融機関が、ある程度、準第三者的な視点で自分自身と物件をチェックしてくれること
◎早い時期に、高額の物件も購入対象にできること
◎低金利で資金調達し、高利回りで運用することで、イールドギャップや"てこ"の原理（レバレッジ）を活用できる（＝投下自己資金当たり利回りを向上させることができる）こと

◎団体信用生命保険（団信）という生命保険機能が活用できること
◎節税機能が活用できること（支払金利の経費計上、不動産の評価減）
◎紙幣や国債増刷の中、インフレが起こったときには、相対的に、家賃・不動産の価値は上がること（紙幣価値が下がり、借入金の負担は下がるため）

　私は、1986年（28歳）から33年間、108戸にわたって不動産経営を行っています。

　今は、東京や博多、札幌、名古屋、京都、小樽、千葉で、区分所有マンションや一棟アパート、一棟マンション、戸建てを経営しています。

　その間には、1990年のバブル崩壊、耐震偽装、事件事故（不自然死・首吊り自殺・練炭自殺・孤独死等）、悪徳不動産会社や悪徳金融機関トラブル（融資承認・金銭消費貸借契約締結後、特段の理由もなく融資ドタキャン、違約金・仲介手数料等6000万円損失）など、数多くのトラブル、そして失敗を経験してきました。しかし、その都度、何とか乗り越え、総じて言えば、うまく回っています。

　現在（2020年）は、資産7億円－負債4億円＝自己資本3億円、受取現預金6000万円－諸経費1000万円－支払ローン3000万円（うち元本返済2000万円）＝手残り現預金2000万円といった感じです。

　サラリーマン定年前には、不動産経営によるキャッシュフローのほうが、サラリーマンの給与より多くなっていました。変遷については、次ページ以降で写真付きで紹介します。

　今までの不動産経営を振り返ってみたとき、**うまく不動産を活用できているのは何故か**とあらためて考えてみると、やはり**「人」との良好な付き合いを真面目に続けてきたから**だと言えます。そうです、**不動産投資は「人」で決まる**のです。

第1期：バブル期前〜バブル期 (1986年12月〜1989年3月)
M社：区分所有マンション（東京4戸、博多1戸）

第2期：バブル崩壊後 (1992年7月〜1994年2月)
A社：区分所有マンション（札幌6戸）

第３期：バブル崩壊後（1994 年１月～９月）
ＳＵ社：区分所有マンション（東京２戸）

第４期：バブル崩壊後（2000 年８月～ 2003 年９月）
Ｂ社：区分所有マンション（札幌８戸）

第 5 期：ミニバブル初期（2005 年 6 月〜 9 月）

SI 社：アパート（博多 9 戸、名古屋 9 戸）

第6期：ミニバブル後期（2008 年 5 月）
SU 社：戸建て（東京 1 戸、自宅）

第7期：ミニバブル崩壊期（2010 年 3 月）
I 社：アパート（名古屋 8 戸）

第8期：アベノミクス前期（2013年9月）

P社：アパート（名古屋8戸、永福町・方南町6戸、京都36戸）

第 9 期：アベノミクス後期（2015 年 4 月）
U 社：戸建て（小樽 2 戸）

同じく第 9 期（2017 年 6 月）
B 社：アパート（千葉 8 戸）

本書について　～なぜ、「人」なのか～

　不動産経営で成功するためには、何が必要でしょうか？

　真っ先に思い浮かぶのは「条件の良い物件」を手に入れることでしょう。駅に近いとか、商業施設が近くにあるなど、利便性の高い地域にある、いわゆる"暮らしやすい良い物件"を購入できれば、確かに、不動産経営はうまくいきそうな予感はします。

　しかし、本当にそうでしょうか？　少し考えてみましょう。

1）物件が手に入らなければ、すべては絵に描いた餅になる

　不動産経営には、ほかの資産運用（株式投資やFXなど）とは大きく異なる面があります。それは、不動産というものには、数に限りがあり、同じものは2つとして存在しないという点です。どんなに良い条件を考えたとしても、その条件に合う物件はそれほど多くはありません。しかも、皆さんが考えるような良い条件の物件は、ほかの不動産経営者も狙っています。物件の数自体が少ないうえに、敵の数も多いのです。

　言い換えるならば、争奪戦になります。良い物件の情報が出たときに、ほかの不動産経営者よりもいち早くその情報を手にし、決断し、購入に結びつけなければならないのです。どんなに素晴らしい条件の物件を考えていたとしても、どんなに優れた理論を持っていたとしても、狙っている物件の情報が早く回ってこなければ、意味がありません。誰かに先に取られてしまいます。

　物件情報が早く回ってくるだけでは、実はまだ足りません。すぐに購入手続きに移れるような体制になっていなければ、ライバルに先を

越されてしまいます。

　逆に言うと、物件情報が誰よりも早く回ってくるような仕組みを作っておけば、手元に来た情報の中から取捨選択することが可能になりますし、すぐに購入できる体制を整えておけば、誰よりも早く購入できる確率が高まるのです。

　では、その仕組みや体制はどう作ればよいのでしょうか。結論から言うと、不動産会社や金融機関など、不動産経営に欠かせない"パートナー"との関係を、日頃から良好にしておけばよいのです。

　不動産会社の担当者も、金融機関の担当者も、みんな人間です。日頃から仲の良い人がいれば、気持ち的に、その人に先に話を回してあげようと考えるものです。「上から目線で接しない」「訪問するときにちょっとしたお土産を持参する」など、パートナーとしての少しの気遣いがあると、後々、それが転じて大きなご褒美になることは、不動産経営の世界ではよくある話なのです。

　また、物件購入時に必要な書類等を、パートナーとしてあらかじめ共有しておけば、"そのとき"が来たときにすぐに行動に移せます。

　不動産経営は、自分ひとりで完結できるものではありません。パートナーの協力があってこそ成り立つものです。

　別に難しいことをする必要はありません。人として、礼節を持って付き合っていけばよいのです。そのことを念頭に置いて日々を過ごしていけば、いずれ良い仕組みが構築されるものと信じます。

2）良い情報を持ってくるのも人。トラブルを運んでくるのも人

　不動産経営は、物件を買ったらおしまいの資産運用ではありません。むしろ、買ってからがスタートです。

先述したように、良い物件を手に入れるうえで、良好な関係を続けてくれるパートナーの存在は欠かせません。

　しかし、物件購入後は、少し話が違ってきます。こちらで良い関係を築こうと思っていても、人が絡む以上、予期せぬアクシデントに巻き込まれることも、不動産経営ではよくあります。例えば、「担当者が変わった途端に面倒なことが目立つようになった」などの話は普通にあります。

　それでは、私たち不動産経営者は、どうすべきなのでしょうか。ここでも結論から先に言うと、トラブルに巻き込まれたとしても軽い怪我で済むように、事前に対抗策を練っておけばよいのです。

　例えば、「金融機関宛の各種資料については、不動産会社経由や、コピーではなく、直接、原本を渡しておく」「手付金や違約金は少なめにしておく」「書面や電子メール、録音など、証拠を残しておく」など、揉めそうになったときに、こちらが有利になるような準備をしておくのです。

　不動産経営者の中には、次から次へと発生するトラブルに疲れて、やむなく物件を手放してしまったという人もいます。「人」が相手ですから、思いもしない事態に右往左往してしまうこともあります。

　だからこそ、「トラブルがあって当たり前」という考えの元、起こりうるであろうトラブルを先に把握しておき、その対処策を用意しておくことが必要なのです。

　人は「知らないもの」には不安を抱きます。だから、「知っておけばよい」のです。発生するであろうトラブルを事前に把握しておけば、そのときになって過度に慌てることなく対処できるはずです。

3）不動産経営にまつわる「人間関係」に注目

　ここまでの話の中で、もう気づかれているように、不動産経営では大きく、以下の"関係性"について考えておく必要があります

◎「人」として付き合うための積極的な関係
◎トラブルに巻き込まれないための防護的関係

　本書の中では、前者については**「良好な関係」「対等な関係」「協力（関係）」**の３つに分けて紹介しています。
　また、後者については**「トラブル回避」**として紹介しています。

　どんなに良い物件の条件を考えていても、希望している物件が手に入らなければ意味がありません。
　また、待ち望んでいた物件を購入できたとしても、その後でトラブル続きになってしまったならば、不動産経営の醍醐味を味わうことは難しくなります。
　先述したように、不動産経営は、自分ひとりでは完結できない資産運用です。だからこそ、「人」との関係には注意を払う必要があります。
　パートナーとの関係がうまくいけば、不動産経営もうまくいきます。不動産経営を楽しむことができるのです。

パンローリング編集部

第1章　不動産会社の選定・付き合い方

第2章　金融機関の選定・付き合い方

第3章　保険会社の選定・付き合い方

4　保険申請に強い代理店を選ぶ

5　通常は、損害保険会社・代理店・建物管理会社等から保険契約更新の案内が来るが、合併等で状況把握困難なこともある。更新漏れとなる場合もあるので注意

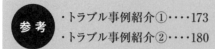

第4章　各種士業の選定・付き合い方

第5章　不動産経営仲間の付き合い方

付録1　パートナー会社選定チェックシート

付録2　不動産経営をするなら知っておきたいチェックポイント

第**1**章

不動産会社の
選定・付き合い方

~第1節~
信頼できる不動産会社の選定について

1）ワンストップ会社（設計・施工・販売・建物管理・賃貸管理等）を選ぶ

　不動産会社と一口に言っても、設計・施工・販売・建物管理・賃貸管理など、そのタイプはさまざまです。

　新築物件を購入する場合には、設計・施工・販売のみ、中古物件を購入する場合には、販売のみを取り扱い、後の建物管理や賃貸管理のことは知らないという会社もあります。

　例えば、建売に強い会社だとしても、通常は、自社で建物管理・賃貸管理まで行っていたり、関係会社にフォローしてもらっていたりします。少なくとも紹介はしてくれるものです。

　ところが、中には、「そこまでは関与していないので、自分で探してください」という会社もあります。自分で探すのは骨が折れます。

　そもそも、**不動産経営というのは、買っておしまいではなく、買ってからがスタート**です。にもかかわらず、「作っておしまい。売っておしまい。後のことは知らない」といった会社があるのも事実なのです。建物がどうなろうと、賃貸付けができなかろうと、関係なくなります。その点、建物管理・賃貸管理までワンストップで行っている場合には、下手なことはしにくいものです。

　建物管理・賃貸管理まで行っていないものの、優良物件を割安価格で購入できる場合には、売主側の建物管理・賃貸管理会社に引き続き

頼むか、自分の付き合いのある建物・賃貸管理会社に頼むか、最悪、自分で探してみるしかありません（区分所有マンションの場合には、管理組合や建物管理会社があります）。

　なお、全国展開している建物・賃貸管理会社の場合は、融通が利きやすいです。

　ちなみに、私が新宿駅そばの中古ワンルーム区分所有マンションを仲介で購入したときには、ワンストップの会社ではなかったので、新宿駅周辺を歩き、飛び込みで賃貸管理会社を探して歩いたものです。言うまでもなく、大変でした。

　なお、ワンストップ会社かどうかについては、会社のホームページなどを調べるとわかります。

２）選択肢の多い物件を扱っている会社を選ぶ

　不動産経営とひとくちに言っても、さまざまなやり方があります。首都圏・地方、区分所有マンション、戸建て、一棟アパート、一棟マンション、単身者用・ファミリー用、新築・中古等です。それぞれに一長一短があります。

　それぞれを事業として行っている不動産会社ならいざ知らず、そうでない場合には、どうしても、自社が扱っているやり方を勧めてきます。いわゆる「ポジション・トーク」です。

　その点、さまざまなやり方・物件を扱っている不動産会社であれば、購入者の年齢や性別、性格、ポリシー、年収、資産等に応じた最適なやり方を勧めてくれやすくなります。

　ちなみに、私の場合は、まずは、リスクの低いところから始めて、徐々にリスクも取りつつ、やがてはリスク分散に持っていく手法にしています。

　つまり、首都圏から始めて地方へ、区分所有マンションから一棟ア

パート・一棟マンション・戸建てへ、単身者用からファミリー用へ、新築から築浅・中古へという具合です。このやり方で進める場合、幅広い物件を扱っている不動産会社は便利なのです。

なお、選択肢が多いかどうかは、ネットからでも、当該不動産会社のホームページの「業務内容や取扱物件紹介」などからでも、ある程度わかります。また、「楽待」や「健美家」などの不動産経営サイトの物件情報等からも、ある程度はわかります。もちろん、不動産会社に問い合わせれば、もっとわかります。

3）メリットもデメリットも明かし、最終的に自己判断させる会社は◎

不動産会社の中には、デメリットは隠して、メリットだけ言って、「とりあえず売ってしまえ」と考えている会社もあります。いわゆる「一見客狙い」です。あとのことなど想定していません。

その点、あえて、デメリットも伝えたうえで、最終的には、購入者の判断に任せてくれる会社は良心的と言えます。

不動産会社にしてみても、いずれデメリットが判明して、後でトラブルになるほうが問題なのです。購入者との関係がそれっきりになるよりは、リピーターとして、末永く付き合っていけるほうがよいという判断をしているのです。

不動産経営というものは、不動産はもちろん、法令や会計・税務など、関連ノウハウも必要になります。ですから、まずは、その仕組みを理解するところから入ります。不動産経営の経験のない人に対して説明するのは大変なのです。

その点、すでに不動産を経営していて、その仕組みやメリットを理解している人の場合には、話が早くなります。

また、融資受けに関しても、不動産経営の仕組みを理解し、運用・借入金返済実績のある人のほうが有利です（融資受けしやすいです）。

特に、昨今の悪徳金融機関（最後にスガル銀行・ズルガ銀行・4.5銀行といった異名で有名）によるトラブルに端を発した不動産融資禁止令が出てからは、不動産経営未経験者は苦戦しているようです。

　以上のことからわかるように、リピーターを大切にしたほうが効果的なのです。

　かくいう私も、初めて、不動産経営を始めたときには、1200万円程度の新築ワンルーム区分所有マンション（東長崎駅そばの女性専用・楽器対応）でしたが、不動産会社の担当者を捕まえて、「御社が潰れたらどうなるのか？」「決算書も見せてほしい」などと、5時間ほど離さなかったものです。

　2件目からは、一瞬で決定、3件目になると、電話で5分で購入決定と、ハイスピードになりましたが……。

4）一見客だけでなく、リピート率の高い会社を選ぶ

　先ほど触れましたように、**一見客だけでなく、リピーターを大切にしている不動産会社はお勧め**です。建物管理・賃貸管理までうまくいっているからこそ、リピーターが多くなります。つまり、それだけ信頼できるということです。

　それとなく、「リピーターはどれくらいですか？」と聞いてみることです。ホームページやパンフレット等で、紹介している場合もあります。物件管理数を顧客数で割ってみても、ある程度、推測ができます。

　レストランでも一緒ですよね。観光地の一見客狙いの店と、住居地の常連さん狙いの店とでは、どちらのほうがおいしいかという話です。

5）細かい話までシミュレーションに織り込む会社を選ぶ

　不動産会社の作ったシミュレーションを見ても、どれだけ良心的か

わかるものです。シミュレーションには、不動産物件購入時のものと、運用時のものがあります。

　不動産物件購入時のものについては、不動産物件価格に諸経費を加え、自己資金と借入金で賄います。諸経費は、超概算では、物件価格の７〜10％くらいはかかります。

　諸経費としては、主に以下のものがあります。

◎収入印紙代（媒介契約書・売買契約書・抵当権設定付金銭消費貸借
　契約書・建物管理委託契約書・賃貸管理委託契約書など）
◎固定資産税・都市計画税日割り分
◎仲介手数料（原則売買価格の３％＋６万円＋消費税）
◎融資手数料
◎登録免許税（所有権移転・抵当権設定）
◎司法書士手数料
◎火災・地震保険料
◎不動産取得税　　　　　など

　このうち、不動産取得税については、半年〜１年後など、忘れたころにやってくるので注意が必要です。

　金融機関でのオーバーローンの場合でも、不動産取得税までは織り込まれておらず、自己資金として出さざるを得ない場合も多いですし、不動産会社のシミュレーションにおいても、織り込まれていない場合も多いです。

　次いで、運用時のシミュレーションです。入金としては、主に以下のものがあります。

◎敷金

◎礼金
◎家賃・共益費
◎駐車場代
◎更新料

　その他、自動販売機収入やコインランドリー収入、電柱代・キャリア基地局代などを考慮するケースもあります。

　敷金や礼金、更新料については、昨今、少子高齢化や人口減、物件供給過剰、入居者過保護の時代にあって、死語になりつつありますので、織り込まないほうが無難かと思います。

　一方、出金としては、主に以下のものがあります。

◎ローン支払
◎建物管理費・修繕積立金（区分所有マンションの場合）・賃貸管理費
◎光熱費（電気代・水道代）
◎固定資産税・都市計画税
◎火災・地震保険料
◎修理費やリフォーム費用、リノベーション費用、大規模修繕費用（壁面塗装や天井塗装、水回り修繕など）

　例月の建物管理費や修繕積立金（区分所有マンションの場合）、賃貸管理費、光熱費（電気代・水道代）はシミュレーションに織り込みますが、例月ではない、固定資産税や都市計画税、火災・地震保険料、修理費、リフォーム費用、リノベーション費用、大規模修繕費用（壁面塗装・天井塗装・水回り修繕等）などはシミュレーションに織り込まれていない場合が多いので、要注意です。

　慎重なシミュレーションをする不動産会社では、家賃下落や金利上

昇、修理費なども織り込んでいる場合があります。

　区分所有マンションの場合には、管理組合による管理費・修繕積立金制度がありますが、その他の戸建てや一棟アパート・一棟マンションの場合には、そういった制度はありません。したがって、自分で修繕費用を積み立てておく必要があります。

6）業歴の長い会社を選ぶ

　昨日まで車を売っていたような会社や担当者が、バブルになって、突然、不動産会社になる（不動産事業を始める）場合も多いです。宅地建物取引業法（宅建業法）上は、従業員5人に1人以上の有資格者が必要です。ところが、不景気な昨今、形だけ有資格者を集める会社もあります。

　その点、長く営業しているということ自体、それなりの信用力があると推測できます。宅建業免許番号の後の「（　）内」の数字が見方の目安になります。5年ごとに更新（※昔は3年ごとに更新）が必要ですので、（1）であれば、営業歴5年未満、（2）であれば、営業歴5〜9年という見方ができます。

　営業場所によって、各都道府県知事免許となります。複数の都道府県で営業している場合には、国土交通大臣免許になります。

　ただし、悪徳不動産会社によっては、業歴の長い幽霊会社を買収し、見かけ上の業歴を延ばす会社もありますので、要注意です。見分けるのは難しいですが、商業登記簿やインターネットの会社案内等の会社名、本店所在地、業種、役員情報等が不自然ではないかなど、ある程度ならば、推測することは可能かと思われます。

　悪徳会社の中には、悪行を重ねた挙句、都合が悪くなると、計画倒産、もしくは夜逃げして、ほとぼりが冷めたころに新しい会社を立ち

上げるものもあります。

　余談ですが、宅建業界には、悪徳会社の代表者や役員情報等のブラックリストがあります。ただし、商業登記簿等上は不動産会社の役員（取締役・監査役）の登録のみで、役員以外の単なる従業員の場合には不明です。その場合、現実的には、残念ながら、私たちには見抜くすべはありません。

７）収益・財務内容の良い会社を選ぶ

　やはり収益・財務内容の良い会社は、安定しています。以下を確認します。

①資金繰り表

　キャッシュフロー［Cash Flow（CF）］は「受取現預金－支払現預金＝手残り現預金」を表します。資金繰りがショートすれば、即倒産ですから、最も重要な指標と言えます。仮に、利益が出ていても、資金繰りがショートすれば、「黒字倒産」です。

②損益計算書

　プロフィット＆ロスステイトメント［Plofit & Loss statement（PL）］は「売上高－経費＝利益」を表します。一定期間の収益状況です。

③貸借対照表

　バランスシート［Balance Sheet（BS）］は「資産－負債＝自己資本」を表します。

　期末時点の財務内容に注目します。特に、新築を依頼する場合には、要注意です。

新築を依頼する場合には、通常、前金や中間金等を要しますが、建物完成前に不動産会社が倒産する可能性もあります。そうなると、工事は中断します。前金・中間金等のお金も返ってはきません。

　新築物件を購入する場合には、通常、品質確保法によって重要な事項（基礎や柱、天井、雨水の浸入に関することなど）については、10年間の保証が付いています。しかし、これも無意味になる可能性もあります。

　中古物件購入のときも、宅建業者から購入する場合には、2年間の瑕疵担保責任が付きますが、同じく、これも無意味になる可能性があります。

　私も、耐震偽装事件に巻き込まれそうになったときがありました。体力のないK村建設・Hューザーは倒産しましたが、Sノケンは体力があって、適切に対応できたため立ち直りました。

8）仲介・管理中心の会社を選ぶ

　1980年代後半のバブル時においては、短期低金利の資金調達で、値上がり益期待の“短期転がし”が流行りました。

　しかし、国の不動産融資禁止令によって、資金調達しにくくなり、血流が止まりました。いざとなったら売ればよいと安易に考えていた人や会社は、売るに売れなくなりました（融資がつかないので「買いたい」と手を挙げる人が必然的にいなくなったため）。結果的に、不動産価格は、ピークの10分の1になるなど、大暴落しました。

　また、僻地やリゾート、別荘、ホテル、ゴルフ場、海外、小口分譲、絵画等、変なものに手を出した人や会社の多くも、破綻・倒産しました。

　逆に言えば、生き延びた人や会社は、長期資金調達で、家賃収入狙いの人や会社、仲介もしくは管理中心の会社だったのです。

　2012年末から2018年までのアベノミクスミニミニバブルにおいて

も、規模は小さいものの、同じような状況が見られました。

　ちなみに、私が最初にお付き合いさせていただいたMルコーも、ご多分に漏れず、倒産しました。

　なお、不動産会社が仲介・管理中心か否かは、商業登記簿やインターネットの会社案内などの会社名、業種や業務内容等からもある程度わかります。

　また、インターネットの売り物件情報などから、各種取引の形態において、「売主」か「仲介」かの区別もわかります。

９）提携・紹介金融機関のある会社を選ぶ

　不動産経営を始めたばかりのころは、どの金融機関に行っていいものかわからないものです。そういうとき、不動産会社が提携している金融機関（不動産会社が紹介してくれる金融機関）があれば、心強いものです。

　不動産会社と金融機関は、お互い、馴染みですし、システム（仕組み）や物件等にも精通しています。優良物件を割安価格で購入するにはスピードが命です。そのとき、迅速で、手間暇を削減できるのは大きいです。

　さらには、提携や紹介の場合、通常よりも優遇されたレートが適用されるケースが多いことも見逃せません。

　提携金融機関ががあるかどうかは、ネット（ホームページ等）で確認できます。問い合わせの段階で、「提携金融機関、もしくは紹介してもらえる金融機関はありますか？」と質問するのもよいでしょう。

　不動産会社に提携の金融機関がない場合、優良物件を割安価格で購入したいケースでは、自分の付き合いのある金融機関に行くか、最悪、飛び込みで開拓するしか方法がありません。金融機関の中には、原則、

飛び込みの一見客をお断りしているところもあるようなので、その意味では、かなりハードルが高くなります（といいつつ、実は、私も、飛び込みで訪ねたことがあります。幸い、融資受けできました）。

注意点もあります。

不動産会社と金融機関との関係が良すぎると、その関係に力点が行き過ぎ、本来の自分自身の個人属性や物件属性が軽視される可能性が高まります。つまり、本来なら、自分自身の属性を考慮すると無理な計画であるにもかかわらず、融資が安易に通ってしまう可能性もあるということです。不良物件を割高で購入してしまうようなことも起こりやすくなります。

したがって、最終的には、自分自身の個人属性、そして物件属性も考慮のうえ、自分自身で判断することが重要です。

極端な例が、2018年ごろに社会問題にまでなった、Ｓ社＆Ｓ銀行による「Ｋぽちゃの馬車」事件です。

これは、Ｓ社＆Ｓ銀行がグルになって、不良物件を割高価格で売却した事例です。土地も、狭小地や旗竿地など、いまいちのものが多かったようです。

本来、シェアハウスというものは、共有スペースが命ですが、Ｋぽちゃの馬車の物件にはそのスペースがありませんでした。にもかかわらず、各部屋のスペースも７平方メートル程度と狭小でした。想定家賃も近隣相場に比べて割高でした。

Ｓ社によれば、「就職斡旋もしているので、その分、割高だった」とのことのようでした。家賃保証しており、入居率はほぼ満室と説明していましたが、実態は、全空〜１割、良くても４割程度だったようです。

これだけ見れば、逆鞘のようですが、実際には、建築会社や関係会社も含めて、建築差益（キックバック等）、売買差益等を織り込んで

いたようです。物件供給過剰、Ｓ銀行による融資縮小・停止後は、自転車操業状態に陥り、計画倒産に持ち込んだようです。

　一方、Ｓ銀行のほうは、Ｓ社も含め、不動産会社とグルになって、時には、本人の知らないうちに各種書類を偽造させ、しかも不正融資も行っていました。

　偽造書類としては、本人の個人属性に関するもの（健康診断書、源泉徴収票、預金通帳、株式一覧表など）、物件に関するもの（レントロール、重要事項説明書、売買契約書、手付金領収証など）です。

　このＳ銀行、他にも、金融庁が禁止している歩積み両建て取引（定期預金・定期積立抱き合わせ）、高金利の無担保ローン斡旋、プラチナカード斡旋、デート商法などもやっていました。

　さらには、その筋系との付き合いのほか、不良物件、低属性の人・オーナー一族・反社会的団体（その筋系）への不正融資など、企業を私物化。やりたい放題でした。

　金融庁も、昔は、Ｓ銀行に優良模範企業と太鼓判を押していましたが、昨今、被害者やマスコミ等によって実態を暴露されたため、形だけでも重い腰を上げざるを得なくなったようで、6カ月間だけの営業停止命令を出しました。

　しかし、今やその期間も経過し、他の金融機関との業務提携なども得たりしながら、性懲りもなく、営業を再開しております。企業体質は急には変わらないと思われますので、注意が必要です。

　なお、不動産会社に提携の金融機関があるかどうかは、インターネットの会社案内（取引金融機関情報等）からでもある程度わかります。不動産会社へ質問すれば答えてくれます。

参考：トラブル事例紹介①

■ 購入したものの、売りっ放しで賃貸管理会社は自分で探す羽目に

以前、『週刊住宅情報』を見て、S社（Kぽちゃの馬車事件のS社ではありません）の媒介で、新宿駅そばの中古ワンルームマンションを購入したときのことです。S社からは、「賃貸管理はやっていないし、提携・紹介不動産会社もないので、自分で探してください」と言われました。想定家賃も高めだったようです。

私は、休日（土曜日か日曜日）、新宿駅西口を歩きながら、不動産会社に飛び込みで訪ねて回りました。

ある不動産会社は、書き入れ時の休日にもかかわらず不在のようで、鍵がかかっていました。電話番号が書いてあったので電話してみると、そのときは休みのようで、「賃貸管理はやっているので、鍵を郵便ポストにでも入れておいてください」と言われました。いい加減そうな気がしたので、この不動産会社はやめました。

続いて、飛び込んでいった不動産会社H社では、しかるべき人につないでいただき、丁寧に対応していただいたので、ここに決めました。

しばらくは、空室が続きましたが、その後、無事に入居者が見つかり、ずっと順調でした。このH社の社長は、海外旅行がお好きなようで、毎年、お中元やお歳暮に、各国の変わったお土産を贈ってくださいました。いつも楽しみにしていたものです。

とはいえ、飛び込みで賃貸管理会社を探すのも、大変なのです。

～第2節～
不動産会社とうまく付き合うコツ①
～不動産物件の購入編～

協　力

1）自分の個人属性情報や希望物件の情報を不動産会社に流しておく

　まだまだ売手市場のようで、優良物件を割安価格で購入するには、とにかくスピードが命になります。したがって、自分自身の個人属性情報については、あらかじめ把握＆整備しておくことが必要です。不動産会社・金融機関等に迅速に提供できるようにしておくためです。

　具体的には、まずは、源泉徴収票や確定申告書です。できれば、電子データで、電子メール添付送信できると早いです。

　ある程度、話が進んできたら、以下のものも必要になるので、事前に用意しておくとよいでしょう。なお、税務調査のときも、同様の資料を要求されることがあります。

◎給与明細・賞与明細・退職給与計算書
◎預金通帳・株明細書・不動産登記簿謄本・登記済み証
◎賃貸借契約書・家賃明細書
◎ローン返済表
◎固定資産税・都市計画税通知書・領収証

物件情報については、不動産会社が用意してくれます。希望物件については、金融機関に自分自身の個人属性情報を事前に提示したうえで、

◎**融資**が受けられるか？
◎いくらくらいまで**融資**が受けられるか？
◎どういった**物件**なら融資が受けられるか？

などを、なるべく詳しく聴取することです。そのうえで、自分の希望物件と突き合わせ、金融機関と自分の希望物件双方に合致するものの中から絞り込むのです。そして、その物件情報を、不動産会社・金融機関に流しておきます。不動産会社や金融機関にとっても、絞り込まれているもののほうが探しやすいものです。
　こういうところにも気づかいできると、その後の関係性も違ってきます。

協　力

２）物件情報が来たら、迅速に判断・返事をする

　不動産会社から物件情報が来たら、迅速に判断し、返事をします。優良物件が割安価格で出てきた場合は、とにかくスピードが命です。
　不動産会社の立場になって考えてみると、よくわかります。返事が遅いと、他に回したくなるはずです。だからこそ、とりあえず「買付証明書」を出して、優先順位を確保しておきます。
　「買付証明書」については、不動産会社が用意してくれますが、あらかじめ、自分で雛形を用意しておいてもいいです。
　この「買付証明書」、法的根拠はないと言われていますが、無暗に

◆買付証明書　見本

買付証明書

年　　　月　　　日

＿＿＿＿＿＿＿＿＿＿＿＿＿　様

住所＿＿＿＿＿＿＿＿＿＿＿＿＿

氏名＿＿＿＿＿＿＿＿＿＿＿＿＿　印

私は、下記不動産を、下記の条件にて購入したく、買い付けることを証明いたします。

記

1. 物件　　　物件名＿＿＿＿＿＿＿＿＿＿＿＿＿＿＿＿＿
　　　　　　　所　在＿＿＿＿＿＿＿＿＿＿＿＿＿＿＿＿＿
　　　　　　　土　地　　　　　　㎡（　　　　　坪）
　　　　　　　建　物　　　　　　㎡（　　　　　坪）

2. 条件　　　購入価格　　金　　　　　　　　　円也
　　　　　　　手付金　　　金　　　　　　　　　円也　　※購入価格に充当

3. 支払方法　　・現金　　　　・銀行融資

4. 有効期間　　本書面の有効期間は　　　　　年　　　月　　　日まで

5. その他条件

_____

_____

ドタキャンすると、その後の心証が悪くなると思われます。

　教科書的には、「できれば、平日・休日、朝・昼・晩、晴れ・雨別に物件を確認するほうがよい」などと言われていますが、そんなことをしているうちに、割安な優良物件は他に売られてしまうでしょう。

　ただ、どうしても慎重になってしまう人はいます。その場合は、グーグルマップ等で概況を把握し、後で物件を見るという方法を採れば良いと思います。

　「相手（不動産会社）を待たせない」という常識は、不動産経営もビジネスである以上、必ず求められることだと認識しましょう。

３）断る場合は迅速に。また駄目な理由も伝える

協　力

　不動産会社から物件を紹介してもらったものの、「興味がわかない」という場合もあるはずです。

　このときは、放置しておくのではなく、迅速に断りの連絡を入れます。「断る場合は早く」が大原則です。なぜなら、こちらが早く決断することで、不動産会社は当該物件を他の投資家に回すことができるからです。返事を早く伝えることは、不動産会社にとっても助かる話なのです。

　不動産会社とは協力していく関係になります。だからこそ、こういう気配りが必要になります。

　なお、断りの連絡を入れるときには、駄目な理由も一緒に伝えておくとよいでしょう。次からは、より希望に近い物件を紹介してくれやすくなります。

4）重要事項説明書（案）と売買契約書（案）を早めに入手する

　宅建業法上は、余裕を持って、「重要事項説明書」を説明し、そのうえで、「売買契約書」を締結することとなっています。

　しかし実態はどうかと言いますと、同日に「重要事項説明書」交付、そして「売買契約書」締結という具合に、一気呵成に行われる場合が多いです。

　こういう早い話の流れだと、ゆっくりと考える余裕もありませんし、何か物言いができる雰囲気もなくなってしまいます。

　だからこそ、早い時期に、「重要事項説明書」や「売買契約書」の案を、電子メールで添付送信してもらい、余裕を持ってチェックしておくことが求められます。早い段階であれば、質問や確認もできます。条件等の改善も、ある程度は可能になります。トラブル回避のためには欠かせない作業です。

◆「重要事項説明書」（雛形）：国土交通省

http://www.mlit.go.jp/common/001229688.pdf

◆「売買契約書」

https://www.e-bukken.co.jp/ebukken/totitatemonokeiyakusyo.pdf

　なお、「売買契約書」は売主との交渉事です。早めに確認しておくことで、条件等を改善することも可能です。後々のトラブル回避にも役立ちます［重要事項説明書（一部）と売買契約書の見本を本章の最後に載せておきます］。

5）重要事項説明書では、仲介不動産会社に関与してもらう

　「重要事項説明書」には、融資関連業務の有無欄があります。仮に、付き合いのある金融機関であったとしても、融資関連業務は「有」にしておいたほうが無難です。

　私も以前は、付き合いのある金融機関については融資関連業務を「無」で済ませていましたが、実際にトラブルになったとき、「融資関連業務が『無』だから、仲介業務としての責任はない」などと、言われてしまいました。通常は、仲介業務として、融資の確認もすべきなのです。

6）重要事項説明および売買契約は、宅地建物取引士に行ってもらう

　宅地建物取引業法（宅建業法）上、重要事項説明や売買契約業務は、宅地建物取引士〔宅建士。以前の宅地建物取引主任者（宅建主任者）〕の有資格者のみが、資格者証を提示したうえで、直接相対して、行えることとなっています。

　しかし実態はどうかというと、購入者・不動産会社・物件等が遠隔地であったり、金額が小さいときには、書類だけ交付し、署名（記名捺印）だけして終わりというパターンもあります。この方式ですと、購入者は、十分な説明を受ける機会がありません。

　なお、無資格者が行うこともありますので、注意が必要です。

7）白紙解約条項を確認する

　白紙解約条項は必ず確認してください。ここをおろそかにしていると、他の悪条件の融資を勧めてきたり、（白紙解約条項があり融資不承認等で取引が不成立な場合でも）違約金・仲介手数料を請求してくる不動産会社があるからです。

　白紙解約条項とは、融資が通らなかった場合には契約を解除でき、かつ、手付金を返還してもらえ、違約金も発生しないという条項です。他の不動産投資系の本でも「白紙解約条項を入れましょう」などとよく書かれています。

　しかし、これだけだと不十分です。条件を詳細に書いておいてなければ駄目です。具体的には、金融機関や融資金額、金利、期限などです。この記載がないと、「サラ金や闇金からでも借りてこいや！！」ということにもなりかねません。

　特に、白紙解約期限には注意が必要です。通常、白紙解約期限までに融資承認を得て、「金銭消費貸借契約」を締結すればよいのですが、それで安心していると足下をすくわれることがあります。締結後、白紙解約期限を過ぎているにもかかわらず、特段の理由もなく、ドタキャンするような悪質な金融機関（S銀行等）もあるからです。

　このような事態になってしまうと、先述したように、手付金不返還や違約金発生ともなりかねません。したがって、白紙解約期限はなるべく長めに設定し、期限までに融資実行まで終わらせておくことです。

　もう1点、注意すべきことがあります。白紙解約条項には、解約権留保型と当然解約型がありますが、当然解約型のほうが無難なのです。

◆白紙解約条項　見本（枠部分）

第10条　（付帯設備の引渡し）
売主は、別紙付帯設備表のうち引渡すべき設備等については、本契約締結時の状態で引渡すものとし、引渡し時において
これと異なる状態であれば、売主の負担においてこれを修復して引渡すこととします。

第11条　（公租公課の分担等）
本物件から生ずる収益または本物件に対して賦課される公租公課およびガス、水道、電気料金ならびに各種負担金等の諸
負担については、第5条の引渡し日の前日までの分を売主、引渡し日以降の分を買主の収益または負担とし引渡し日に清
算します。なお、公租公課の起算日は1月1日とします。

第12条　（瑕疵担保責任）
売主は買主に本物件を現状有姿のまま引き渡すものとします。ただし、売主は、本物件について引渡し後、2ヶ月以内に
発見された雨漏り、シロアリの害、建物構造上主要な部位の木部の腐食、給排水の故障の瑕疵についてのみ、買主に対し
て責任を負うものとします。
　2.前項の瑕疵が発見された場合、売主は、自己の責任と負担において、その瑕疵を修復しなければなりません。ただし、
本契約締結時において、買主が前項の瑕疵を知っていたときは、売主はその責任を負いません。

第13条　（手付解除）売主および買主は、平成　　年　　月　　日までは、買主は手付金を放棄して、売主は手付金を
買主に返還し、かつそれと同額の金員を買主に支払うことにより、それぞれ本契約を解除することができます。

第14条　（契約違反による解除）
売主または買主のいずれかが本契約にもとづく義務の履行をしないときは、その相手方は、不履行した者に対して催告の
うえ本契約を解除し、違約金として売買代金の（20）％相当額を請求することができます。
　2．売主または買主は、第1項の解除にともない違約金を超える損害が発生したときでも、違約金を超える金額について
は請求することができません。また、その損害が違約金より少ない金額の時でも違約金の減額を求めることができません。

第15条　（融資利用の特約）
買主は、売買代金の一部に融資金（融資申込先○○銀行○○支店、融資金額金　　　　　円也）を利用する場合、本契約締
結後すみやかにその融資の申し込み手続きをしなければなりません。
　2．前項の融資が否認された場合、買主は平成　　年　　月　　日までであれば本契約を解除することができます。
　3．前項により本契約が解除された場合、売主は、買主に受領済みの金員を無利息にてすみやかに返還しなければなりま
せん。

第16条　（印紙代の負担区分）
本契約書に貼付する印紙については、売主、買主各自の負担とします。

第17条　（諸規定の継承）
売主は、環境の維持および管理上の必要から定められている諸規定を遵守する義務のすべてを買主に継承させ、買主はそ
れを承継するものとします。

解約権留保型は、「告知により解約することができる」というもの
です。融資受けが駄目でも、他の金融機関からの融資を可能にするこ
とや現金購入の余地を残すなど、買主保護を狙って設けられました。

しかし、白紙解約期限を過ぎてからの融資ドタキャンのような場合、
当然、告知する機会はありません。解約権留保型の場合は、告知して
初めて、解約の効果が発生します。解約期限までに告知しない場合に
は、そのまま売買契約は有効となってしまいます。したがって、当然
解約型のほうが無難なのです。

私には、苦い経験があります。解約権留保型の白紙解約条項はあっ
たのですが、融資承認・金銭消費貸借契約書の締結後、白紙解約期限
が過ぎ、融資実行の1営業日前になって、特段の理由もなく、融資を
ドタキャンされたのです。手付金不返還・違約金・仲介手数料等で
6000万円の損害を被らされました。

 **8）手付金は少なめにしておく**

手付金は、通常、解約手付と解されています。つまり、買主は、契
約の履行に着手する前であれば、手付金を放棄し、契約を解除するこ
とができます。手付金は返還してもらえますし、違約金も発生しませ
ん。

一方、売主は、手付金を返還するとともに同額を支払うことで契約
を解除することが可能です（売主にとっては、手付金を返還するだけ
では、実損はないこととなってしまいます。「手付金の倍返し」をす
ることによって、結局、手付金と同額が実損ということとなります。
要は、売主・買主ともに、リスクは、平等ということです）。1980年

代後半の平成バブルのときのように、「手付金と同額の損失が出ても、契約を解除し、さらに高額で別に売ったほうが得だ」という時期も確かにありました。何しろ、朝買って、夜に売れば儲かったような異常な時代でした。

しかし今や、そういったことはないでしょう。ですから、売買契約解除、融資不承認、不動産会社倒産、地面師等による他人物売買詐欺など、いざというときのリスクを低減させるためにも、手付金は少なめにしておいたほうが無難と言えます。

不動産会社が倒産したり、地面師等の詐欺に遭ったり、悪徳金融機関の融資ドタキャンなどで、手付金が返ってこない可能性は十分にあります。トラブルに遭わないようにすることは不動産経営では欠かせません。

手付金を少なくするためには、不動産会社経由で売主に対し、手持ち現預金が少ないこと、なるべく余裕現預金を温存しておきたいこと、手付金不返還リスク等を抑えたいことなどを話して、理解してもらうことです。

9）違約金はなるべく少なめにする

契約の履行に着手した後の解約では、違約金が発生します。上限は売買金額の2割です。通常は1割〜2割です。

これも、手付金と同様、リスクを低減させるため、少なめにしておいたほうがいいでしょう。悪徳金融機関の融資ドタキャンなどで、違約金が発生するリスクがあるからです。

違約金を少なくするには、不動産会社経由で売主に対し、万一の違約金発生リスクを抑えたいことなどを話して、理解してもらうことです。

10)「預貯金通帳」「手付金領収書」「重要事項説明書」「売買契約書」などは、直接、原本を金融機関に手渡す

　個人属性関連書類は、コピーではなく原本を、不動産会社経由ではなく金融機関（できれば複数担当者）に直接手渡します。コピーだと、改竄されたものと思われる可能性があるからです。

　不動産会社経由だと、不動産会社によって、知らないうちに改竄される可能性があります。

　金融機関でも、知らないうちに担当者単独で改竄する可能性があります。

　そういう怖れも少なからずありますから、担当者とだけでなく、その上司や支店長にも同席してもらうなど、できるかぎり複数が同席するようにしてください。もちろん、Ｓ銀行のように、知らないうちに企業ぐるみで改竄されたらお手上げですが……。

11）物件は、できれば宅地建物取引業者から購入する

　宅地建物取引業者から物件を購入する場合には、宅建業法上、瑕疵担保責任が２年間付いています。

　しかし、宅建業者以外の一般会社や個人から購入する場合には、特約で、瑕疵担保責任が排除されていることがあります。その場合には、物件に隠れた瑕疵がないか、十分に注意することが必要です。

　以下のように、素人でも、ある程度はチェックできるものです。心配であれば、建物診断機関もあります。

◎地面と建物の水平平行線が平行になっているか、傾いていないか

◎建物内が傾いていないか（水平器やビー玉、パチンコ玉を使ったり、歩いてみるなど）

◎シロアリの被害の跡がないか

◎壁面に亀裂が入っていないか（テレホンカードが入る程度だと要注意）

◎天井等に水漏れの跡がないか

◎壁を叩いてみて異音、空洞の感じがしないか　　　など

12）書面や電子メール、録音などで証拠を残す

　金融機関というものは、言質を取られるのを嫌がるのか、書類・電子メール等を残したがりません。

　「金銭消費貸借契約書」でも、通常は、借主のみに署名（記名捺印）させ、提出させて終わりです。借主には、控えのみを渡します。

　私がトラブルに遭遇したときにも、いざトラブルに発展したら、「そちらが勝手に署名（記名捺印）しただけで、当方は知らない」と言っていました。こういうこともあるので、慎重な人は一筆もらうようです。

　また、金融機関によっては、原則として、電子メールのやり取りもしないところがあります。

　それでも、できることなら電子メールやショートメール等でもやり取りし、重要なこと（金額・日付等）は目に見える形で残しておくことです。口頭だけだと、「言った」「言わない」で、いざトラブルになると、しらばっくれます。

　私のトラブルのときも、電子メールで残しているにもかかわらず、

「融資承認等と言った覚えはない」などと、しらばっくれていました。

　ちなみに、電子メール・ショートメール等は、一定期間経過すると消えることもありますので、別途保存、写真撮影などをして証拠を保存しておく必要があります。場合によっては、録音しておくことも重要かと思います。

13）不動産会社には、上から目線で接しない

　不動産会社に対しては、「こちらは客なのだから」と上から目線にならないようにすることです。不動産会社の担当者も人間ですから、良い気持ちはしません。

　ましてや、不景気とは言え、まだまだ不動産経営は流行っているほうですし、小口物件なのに上から目線で来られたら、相手にされなくなるかもしれません。かといって、へりくだることもありません。言いくるめられるのも行き過ぎです。対等な立場のパートナーというくらいの気持ちです。

　そのためには、不動産や法令、会計税務等をある程度は勉強し、対等な立場で話せるくらいにはなっておくこと、また、謙虚さも持ち合わせておくことが必要になるでしょう。お互いに、WIN‐WIN の関係になることです。

耐震偽装（2棟）で損失6000万円？

　1986年（28歳）から区分所有マンション経営を始めた私は、2000年代になり、Ｓ社（Ｋぽちゃの馬車事件のＳ社ではありません）を知り、一棟アパートに進出することとしました。

　博多駅そば・名古屋駅そばに良い土地が出たので購入。そこにアパートを新築することとなりました。無事にアパートもでき、安定稼働し始めたのですが、ある日、あの「耐震偽装事件、Ａ歯事件」が起こったのです。

　Ｓ社のホームページによると、Ｓ社は博多を地盤とし、一棟アパートを主軸にやっていましたが、東京の一棟マンションにも進出、その際、悪意はないままに、Ａ歯・審査機関を起用、耐震偽装事件に関わってしまったようです。

　Ｓ社は、入居者の方には、別件の居住物件を用意して引っ越してもらい、買主には売買金額と同額で買戻しするなど、適切な対応を発表しました。

　ところが、翌日の朝、テレビで、Ｓ社のホームページも映し出されて大騒ぎになっているではありませんか。

　Ｓ社には警察の捜査も入り、サーバ・パソコンも押収、しばらくは仕事にならなかったそうです。信用力失墜のうわさや倒産も気になりました。

　同じく、耐震偽装事件に関わったＫ村建設・Ｈューザーは、財務体力もなく、ほどなく倒産しました。

　私は、自分の物件も耐震偽装になっていたら、最悪の場合には、入居者の方にはよそに転居してもらい、建て替えざるを得ないと考えま

した。

　物件価格は、1棟約6000万円、土地・建物内訳は、約半分ずつ。博多駅そば・名古屋駅そば2棟だと、建物代6000万円がパーということとなります。

　不幸中の幸いとしては、外資系で、ノンリコース（不遡及型）ローンにしていたことです。これは、欧米では普通のタイプのローンですが、最悪、物件を放棄すれば、残債は免れることができるタイプのローンです。

　一方、日本での普通のローンは、リコース（訴求型）ローンで、売却価格が残債に満たなければ、とことん返済しなければなりません。そのため、最悪、物件を放棄して残債を免れるしかないかと踏んでいました。自己資金と支払済みローンはあきらめるしかありませんが……。

　結果的には、私の物件は、耐震偽装ではありませんでした。S社のほうも、迅速かつ適切な対応が功を奏したのか、立ち直りました。

~第３節~

不動産会社とうまく付き合うコツ②
~不動産物件の建物管理編~

１）緊急を要する場合には、多少値段が高くても、迅速に対応すべき

　部屋の設備等に不具合が生じたときには、普通は、まず入居者から不動産会社へ、そのあと大家に連絡があります。

　教科書的には「相見積もりを取りましょう」とよく言われていますが、緊急を要する場合には話は別です。水漏れ等は最たるものです。

　他にも、鍵やエアコン、トイレ、バス等は緊急を要するものです。多少割高でも、迅速に対応すべきです。最強の空室対策は、現在の入居者を大切にすることだからです。

　逆に、緊急を要しないもの（棚・鏡等）については、相見積もりを取ったりしてもよいでしょう。

２）緊急を要しない場合には見積もりを取るのもあり

　先述したように、緊急を要しないときには、場合によっては相見積

もりを取ります。そのとき、できれば、「ほかにも打診してみること」を不動産会社にそれとなく伝えておいたほうがよいでしょう。仁義を切るということもありますが、ライバル心を持たせて、プレッシャーを与えておくという意味もあります。

ビジネスでは、競合他社がないと緊張感がなくなり、惰性に流れてしまい、リーズナブルな価格で、高品質のサービスをしようという意識が低くなりがちです。

だからこそ、付き合いのある建物管理・賃貸管理会社の中から、他の会社に相見積もりを取ってみるのもよいと思います。場合によっては、建物管理・賃貸管理会社を変更するという選択肢もあり得ます。

3）建物管理会社・関係会社名義の見積書の場合は、割高なこともあるので注意する

建物管理会社からの見積書には、建物・賃貸管理会社名義のもの、一般他社名義のものがあります。

建物管理会社名義のものの場合には、通常、手数料などの鞘（サヤ）を抜かれています。普通は1割程度と思われますが、会社によっては、かなりの鞘を抜いているところもあるようです。

建物管理・賃貸管理会社名義以外の一般他社名義の場合には、通常は、鞘は抜いていないものと思われます。建物・賃貸管理費の範囲内でやっているのでしょう。

ただ、中には、建物管理・賃貸管理会社のグループ会社や知り合いの会社だったということもあります。紹介料などをもらっているケースもあります。

したがって、過去の事例や他社の事例等を参考に、適正な価格かど

うかは見ておいたほうがよいです。

4）建物管理会社の提案には耳を傾ける

良好な関係

　建物管理会社・賃貸管理会社側としても実務に接しており、リーズナブルな範囲内で物件の価値を高め、賃貸管理を効果的にしようという意味で、さまざまな提案をしてくれる場合もあります。

　その提案には、真摯に耳を傾けることです。そのうえで、自分なりに考えて、良い点は取り入れていきます。ダメなときは、その理由を言います。

　あまりにも無視するような態度を取り続けると、もはや、提案もしてくれなくなります。ただし、緊急性や重要性も低いのに、無駄・余分な修理やリフォーム、リノベーション、建て替えを勧めたりなど、建物管理・賃貸管理会社の利益のみを考えて言ってくる場合もあり得ますので、その場合には、よく考えることが必要です。

　入居者にとってあったら嬉しい「設備・サービストップ10（単身者・ファミリー）」と銘打って、よく発表されているものも参考になります。

5）リフォーム費用が高額になる場合は、分割払い　　など、提携・紹介金融機関の提案を受ける

協　力

　リフォーム費用が数十万円など、高額になってしまう場合には、建物管理会社に相談してみましょう。ネゴベースですが、分割払いで対

応してくれる場合もあります。

　また、数百万円など、さらに高額になる場合には、提携・紹介金融機関からの融資を紹介してくれる場合も多いです。無担保で、比較的低金利なので、融資は受けやすいです。

 **6）一棟物アパート・マンションの場合には、長期的修繕の構想を聞いておく**

　区分所有マンションの場合には、共有となりますので、共用部分に関しては、管理組合・建物管理会社による長期修繕計画のもとに、修繕積立金制度があります。

　しかし、一棟物（戸建て・アパート・マンション）の場合には、自分だけの専有になりますから、自分自身で建物管理をしなければなりません。特に、外壁塗装や天井補修、水回り等の大規模修繕になると、数百万円～数千万円のレベルになります。「金食い虫」と言われているエレベータや機械式駐車場まであると、大変さは想像を超えます。

　計画的に、お金を積み立てておくべきです。もしくは、融資受けできるように、属性を良くしておくことです。

　口頭ベースでもよいですので、超概算の見積書を入手しておくと、将来的な見通しを立てやすいです。日本政策金融公庫で、これら「見積書」をベースに、リフォーム資金として、融資受けすることも可能です。

7）クレーム対応・修理・リフォーム等は専門会社 に任せる

　クレーム対応や修理、リフォームまで、DIY（Do It Yourself）ばりに、何でも自分でやる人もいます。自分自身の勉強のためとか、時間を持て余しているとかならいざ知らず、基本的には、自分自身ではやらず、信頼できる不動産会社に業務委託すべきです。

　修理やリフォーム、リノベーションといっても、各専門業者の選定や手順、問題発生時の切り分けなど、素人で対応するには大変な部分もあります。特にサラリーマンの場合、時間がないですから、リフォーム完成させるまでには月日がかかります。その間は家賃が入らないわけですから、機会損失にもなります。自分で中途半端にリフォームした結果、仕上がりがいまひとつとなり、結局、不動産会社に依頼し、かえって、時間と経費がかかる場合もあります。

　特に、クレーム対応等は任せてしまったほうが楽です。なまじ、自分自身と入居者とが直接やり取りすると、言いたいことも言いにくく、角が立ちやすくなるものです。

　そもそも、何でも自分自身でやるとなると、対象物件のエリアは自分の家のそばに限定されますし、規模の拡大もできません。これだと、「自営」にとどまり、「経営者」にはなれません。

　不動産経営の目的は、経済的・時間的・精神的自由を獲得するためであるはずです。

　それなのに時間を奪われたのでは、本末転倒です。お金は稼げますが、時間は稼げません。限られた時間を有意義に使いましょう。

8）各種書類（「提案書」「見積書」など）は、現地視察等で確認する

　修理やリフォーム、リノベーションなど、大規模な修繕になる場合には、機会を作って実際に見に行くことです。少しの修繕で済む場合とか、遠方の場合でも、少なくとも、旧新の写真確認くらいはしたほうがよいと思います。

　私にも、以前、違う物件の請求書が届いたことがありました。遠方の物件で目が行き届かないと、極端な話、何を請求されてもわからないものです。たまには、ある程度の牽制を利かすのも効果的だと思います。

　不動産経営者としては、不動産会社が建築費や売買差益、売買仲介手数料、賃貸仲介手数料、広告費、建物管理費、賃貸管理費、修理・リフォーム・リノベーション費用など、「何で利益を得ているか」を考えてみることも重要です。

　建物管理・賃貸管理費は、通常は家賃の3〜7％程度です。5％が多いですが、3％と割安にする代わりに、割高な修理やリフォーム、リノベーション費用で儲けている会社もあります。

9）時には、手土産持参で、不動産会社を訪問する

　不動産物件を新たに購入したなど、新しい管理会社と付き合うことになったときには、ご挨拶を兼ねて、手土産持参で、訪問したほうがよいと思います。

その後も、近所・地方等、訪問したときには、管理会社も訪ねてみましょう。その際には、手土産・おやつ等を持参します。気持ち的に嬉しいものです。

管理会社の人たちも人間です。覚えのある大家さんのために頑張ろうと思ってくれるものです。

10）上から目線ではなく、パートナーとして接する

建物管理会社・賃貸管理会社等に対しては、業務委託としてお金を払っているからといって、こちらがお客様だとばかりに、上から目線で接しないことです。建物管理・賃貸管理のプロとして敬い、プロにお願いしているという気持ちを持つことも必要です。対等なパートナーとして、接しましょう。

不動産は買っておしまいではなく、買ってからがスタートです。その意味では、建物管理会社や賃貸管理会社とは、長く付き合うことになります。この関係性はとても重要なのです。

参考：トラブル事例紹介③

▌平成バブル崩壊（債務超過 4000 万円！）

　1982 年（24 歳）にサラリーマンになりましたが、勤め先の給料のみに依存するのはリスクと感じ始め、預貯金や外国為替、貴金属、株式投資などの資産運用を始め、1986 年（28 歳）からは、不動産経営を開始しました。

　昔は、不動産経営と言えば、地主が道楽でやるものでした。しがないサラリーマンには、縁のないものでした。

　大家さんの家の 1 室を間借りし、トイレや洗面所、風呂を使わせてもらったり、銭湯に行ったりしていたものです。トイレや洗面所、風呂も付いているアパートなら良いほうでした。

　そんな中、1980 年代後半になって、賃貸用ワンルームマンションというシステムが出始めました。いわゆるビジネスホテル風味の、バス・トイレ・洗面所一体型の 3 点ユニットのマンションです。面積は、15 平方メートル程度です。

　今でこそ、バス・トイレ別だの、25 平方メートル以上などと贅沢になっていますが、当時は、大家さんと顔を合わさなくてもいいし、銭湯に行かなくてもいいし、一国一城の主的な感覚で、ビジネスホテル感覚で、画期的で、大人気でした。価格は、1000 万円程度です。そして、このタイプでは、しがないサラリーマンでも、融資受けを活用してできるように、門戸が開かれ始めたのです。さすがに、当時は、私のような 20 代の若者は、ほとんどいませんでしたが。

　最初は、東長崎駅（池袋のそば）の女性専用・楽器対応の新築ワンルームマンションを購入しました。価格は、1210 万円です。まだ、1980 年代後半のバブルの影響もなく、通常の価格でした。

当時は、調達金利も、通常年６％以上などと高く（社内預金の金利が年６％でした）、家賃のみでローンを返すということはあり得ませんでした。月２万円程度は持ち出しです。それでも、ローンはどんどん減っていきますし、やがてローンが終わった暁には、家賃がほとんど手残りとなります。貯金感覚・年金感覚でやっていたものです。

　あと、生命保険機能・節税機能もありました。当時は、日本も景気が良かったので、家賃・物件価格も上がっていました。いざとなれば、売却すればよいといった感覚もありました。

　その後は、バブルが始まりました。家賃も多少は上がっていきましたが、それ以上に、物件価格が上がっていきました。利回りは下がっていき、持ち出しも増えていきました。

　次に買ったのは、上北沢駅そばの中古ワンルームマンションです。価格は1680万円。持ち出しは、月３万円程度です。

　続いては、博多駅そばの新古ワンルームマンションです。価格は820万円です。

　そして、千歳烏山駅そばの中古ワンルームマンションです。価格は2000万円。持ち出しは、月４万円程度です。

　バブル崩壊前として最後の物件は、初台駅そばの中古ワンルームマンションです。価格は2480万円。持ち出しは、月８万円です。

　これだけ物件を買っても、まだ買う気でいました。なぜかというと、新宿駅そばの物件が欲しかったからです。その後、荻窪駅そばのペット対応ワンルームマンションを買わないかという話が出ましたが、持ち出しも増えてきたので、さすがに、ここで止めました。

　ワンルームマンションの価格は、その後も、3000万円、4000万円、5000万円と上がっていきました。

　私の物件にも、「4000万円で売ってくれませんか」とか、物上げ業者が来はじめたものです。

このころは、今のように二束三文で買い取り、高値で転売する物上げとはイメージが異なります。事実、その後、新宿のワンルームマンションが1億円にまでなりました。手付金を倍返ししたとしても、違約金を支払ったとしても、他の人に高値で売れば儲かるといった、狂乱の時代でした。朝買って、夜売れば儲かるイメージです。

　しかし、家賃はさほど上がらないのに、物件価格だけが上がっていくので、利回りは下がっていき、持ち出しは増えていきます。

　インカムゲインは期待できず、もっぱら値上がり益に期待するようになりました。もはや、不動産経営（投資）ではなく、投機・博打化していきました。

　私も、ほどほどに調子が悪くなり始めました。その息の根を決定的に止めたものが、「総量規制」という名の、国による不動産融資禁止令です。

　役所というところは、数年前の統計をもとに、ゆっくりと判断・行動をします。すでに、景気は下降しているのに、まだ過熱していると誤解し、不動産融資禁止令を出しました。そのため、短期売買も想定し、短期間で低金利の融資受けを繰り返していた人や企業への融資受けもストップしました。売ろうにも、買う人が融資受けができないため、売ることができません。ゆっくりと坂を下っている人たちを後ろから突き落としました。ほとんどの人は崖下に突き落とされ、二度と這い上がってくることはありませんでした（今また、同じようなことを繰り返そうとしているようです）。これが、1990年のバブル崩壊です。

　新宿のワンルームマンションなど、一時は1億円まで暴騰しましたが、あっという間に10分の1の1000万円にまで、大暴落しました。その後も下がり続けていきました。

　高値掴みをした人たちには借金だけが残りました。売るに売れず、債務超過です。この段階で、5戸のワンルームマンションを所有して

いた私もご多分に漏れず、債務超過は4000万円ほどになっていたと思われます。

その後、家賃はさほど下がらないのに、物件価格が下がり、利回りが向上し始めました。せっかちな私は、性懲りもなく、不動産経営を再開するべく、札幌の区分所有マンションに進出することにしました。売買契約を締結し、紹介された新宿の金融機関に赴きましたが、何と、融資受け不可の玉砕……。

今まで、「資産」「不動産」「投資」と思っていたものは、実は、「死産」「負動産」「凍死」でした。最後に購入した初台駅そばの物件が足を引っ張っており、「これさえなければ融資できたのですが……」と言われてしまいました。何か、自己否定されたようで、凹みました。

当時の新宿駅西口は段ボール通りで、段ボールの家に住んでいる方々が大勢いました。彼らは「ゼロ」ですが、当時の私は、「ゼロ」以下の「マイナス」でした。落ち込んで、トボトボと歩いて帰ったのを、今でも鮮明に覚えています。

その後はと言えば、家賃はさほど下がらないのに、物件価格だけが大暴落。今のような、不動産経営の本もなければ、セミナーもなく、不動産などには誰も見向きしなくなりました。その一方で、利回り20％以上の物件等もごろごろしていました。任意売却物件や競売物件が溢れ出ていました。

しかし、融資は出ません。私は、ノンバンクやカード会社などを使ったり、最悪、現金購入したりして、何とか買い始めました。ノンバンクやカード会社などから、年5〜7％程度で資金調達しても、20％以上で回れば、十分、キャッシュフローが取れるからです。

試行錯誤しながら、何とか全体でキャッシュフローなどを改善させていきました。「ゼロ」以下の「マイナス」からの再出発でしたので、苦労しましたが、その後、再び融資受けできるようになりました。

1990年のバブル崩壊や2000年のITバブル崩壊、2008年のサブプ

ライムローン・リーマンショック、2018年のアベノミクスミニミニバブル崩壊と、波の大小はあれ、ほぼ10年間隔でバブル崩壊を繰り返しています。

　一般的に、どんなに不景気でも住む所は必要ですし、賃貸借は2～3年間の契約ですので、家賃は、比較的、安定しています。

　一方、物件価格については、賃貸借契約期間といった発想はないので、遅行性はなく、価格にすぐに影響しやすいのです。

　好景気時は、物件価格のみが上がるので、利回りは下がります。その代わり、融資受けはしやすいです。「融資受けできるうちが花」といった考え方もあります。

　逆に、不景気になると、物件価格のみが下がるので、利回りは向上します。しかし、融資受けが困難となります。

　こういった時期には、勇気は必要ですが、属性が良いなど、融資受けさえできれば（最悪、現金購入で）、優良物件を、割安なバーゲン価格で集めやすいです。

　今、不動産経営で名をなしている人たちは、こういった時期に、勇気を振り絞って、不動産経営に乗り出したのです。

　どんな時代であっても、やりようはあります。常に、アンテナを張っておくことです。

～第４節～
不動産会社とうまく付き合うコツ③
～不動産物件の賃貸管理編～

協 力

1）サラリーマンには時間がないので入居者募集等は専門家に任せる

　サラリーマンというものは、自分の時間と体を切り売りする商売です。したがって、時間がありません。

　今でこそ、「ワーク・ライフ・バランス」という言葉も流行り始めましたが、昔は、「24時間戦えますか？」というが如く、24時間365日勤務状態でした。

　ついでに、サラリーマンは、「動物園の動物」、昔の百姓のごとく、「生かさず殺さず」ですから、成功報酬ではなく、必要最低限の生活給しか与えられません。つまり、サラリーマンには、時間と金がないのです。

　そこで、経済的自由・時間的自由・精神的自由を獲得するべく、不動産経営に乗り出すのです。信頼できる不動産会社に業務委託することで、自動操縦状態に持っていくのです。不動産経営というものは、最初こそ、不動産会社や金融機関の選定、物件の選定、資金調達など、時間と手間暇を要しますが、軌道に乗れば、建物管理や賃貸管理等を信頼できる不動産会社に業務委託することで、自動操縦状態に持っていけます。

　物件購入後、修理やリフォーム、リノベーション、入居者募集、建

物管理、清掃、賃貸管理、クレーム対応、家賃回収、退去立会いなど、何でもかんでも自分でやろうとする人もいます。もちろん、専業大家で、時間と暇を持て余し、そういったことが好きだとか、最初だけ勉強のためだとかなら話はわかります。でも、サラリーマンには、こういったやり方は、お勧めしません。

先述したように、このやり方では、自宅の近所の物件しか対象にできませんし、規模の拡大も図れません。自宅の近所ですら、自分自身でやるよりも、第三者を経由したほうが、角が立ちにくいものです。

私たちは不動産経営者ですから、「自営」ではなく、「経営者」になるべきです。経済的自由・時間的自由・精神的自由を獲得するための不動産経営でなくてはなりません。

ビジネスでもそうですが、自分にしかできないことに専念すべきで、他の人でも代替がきくことは、どんどん、他の人に任せていくのです。そうしないと、時間がいくらあっても足りません。

2）不動産会社の一括借上げ家賃保証は、できるだけ利用しない。直接賃貸借契約にする

昨今、一括借上げ家賃保証が流行っています。しかし、トラブルも多発し、社会問題になっています。

狸しか住まないような僻地の地主に、相続対策などを名目に、「30年間家賃保証するから、アパートを建てましょう」と勧めるやり方が流行りました。「30年間家賃保証」と言っても、いくらの家賃までかは保証していないのです。通常は、２～３年間の賃貸借契約期間で、更新の度に、減額要求がきます。

さらには、経済的な特殊事情があれば、契約期間中といえども、契

約金額を見直すことも可能とされています。

　日本は、借家人過保護の法体系ですので、借家人の方からの値下げ要求は実現しやすいです。また、賃貸人からは、原則、更新を拒否できないとされています（賃貸人がそこしか住む所がないなど、特殊事情があれば別です）。そして、借家人保護の観点からですが、不動産会社も借家人と見做され、保護されているのです。

　実態は、賃貸人のほうこそ弱者だと思うのですが、裁判官等の世間知らずのお偉いさんたちには、理解できないのでしょう。それをよいことに、不動産会社はやりたい放題です。

　当初の家賃保証額のみ、市場価格以上の高値に設定し、収益還元法で逆算した割高な価格で販売しています。最も、建築・販売差益等で、その分も織り込んで、儲けているのです。

　そして、建築・販売した後は、「釣った魚に餌は与えない」が如く、賃貸借契約更新の度に、家賃減額要求してきます。気に入らなければ、契約打ち切りと言ってきます。

　さらには、実際に空室になろうものなら、不動産会社指定の割高な修理やリフォーム、リノベーションを強制されたりします。また、空室のたびに、フリーレントの免責期間も設けられます。

　このように、賃貸人にとって、不利な契約になりがちです。

　そもそも、不動産会社が一括家賃保証をするのは、賃貸付けが安定している場合が多いです。そう、もともと、一括家賃保証自体が不要な場合も多いのです。

　ここまでの話でおわかりのように、一括家賃保証契約自体が不要なほどの優良物件を割安価格で購入しておくことが重要です。

　どうしても、一括家賃保証契約を付けるのならば、リスクが高いケース（女性限定や楽器専用等の需要が限定される物件、地方の物件、不自然死や自殺などの問題が発生した物件）などに限定したほうがよいです。

その場合でも、修理やリフォーム、リノベーションなどを指定会社に限定されないようにしておくこと、賃貸借契約書の条項もチェックしておくことなどが必要です。

良好な関係

3）賃貸管理会社と調整し、外国人、高齢者、生活保護者等、入居者については、なるべく門戸を開く

　日本は少子高齢化や人口減の現状にあります。かたや、物件は乱造状態で、供給過多です。そして、不景気です。そんな中、外国人や高齢者、生活保護者は増え続けています。

　好むと好まざるとにかかわらず、視野に入れていかざるを得ない状況になってきています。私は、早くから、門戸を開いています。

　不動産経営というものは、そもそも、公共的な一面も持っています。優良な住宅をリーズナブルな価格で提供するという、社会にとってなくてはならないものなのです。人間にとって欠かせない3要素である「衣食住」の「住」に関わるものなのです。

　社会にとって必要なものだからこそ、税制面等においても、社会的に恩恵を被ることもできます。家賃という安定収入にも恵まれるのです。社会や人のために役立つからこそ、後から、お金はついてくるのです。

　不動産業界や金融業界は魑魅魍魎の世界です。悪徳不動産会社や悪徳金融機関も跋扈していますが、人を騙してまで儲けようとすると、結局のところ長続きせず、いずれは破綻し、淘汰されていくものです。そもそも、そんなことまでして儲けて、良い気持ちでい続けられるものなのでしょうか。

　ただし、門戸を広げる以上、気をつける点はあります。公共的使

命といっても、ボランティアではありませんので、トラブルに巻き込まれてしまったり、家賃が入らなくて不動産経営が破綻してしまったのでは、元も子もありません。私の経験則から話せる注意点を紹介します。

●

①外国人

　外国人については、日本への留学生が多いです。時折、日本での滞在期間が切れそうだったり、違法就労目的や強制退去などで、無断で出国する人もいます。

　私の場合も、借主が無断退去して帰国したうえ、いつの間にか、別人が住んでいたこともありました。他の人の例では、いつの間にか、外国人が大勢集まり、たまり場のようになっていたという話も聞きました。中には、初めから違法就労目的で学生を集め、その後、行方不明となっても対応しない学校もあります。家賃保証会社も、外国人専門のところがありますが、見落とすこともあります。

　以上のように、外国人の場合には、日本の滞在期限や入国目的、留学先、連帯保証、家賃保証などを、きちんと確認する必要があります。

②高齢者

　高齢者に関しては、家賃滞納と孤独死が気になるところです。

　前者については、就労、子どもなどからの送金、生活保護給付金、年金、蓄えなど、安定収入から家賃がきちんと払えるかということです。

　後者については、ご本人にとっても、賃貸人にとっても問題です。連帯保証人や相続人、身寄りなどがいることが前提ですが、少なくとも、緊急連絡先くらいは事前に確認しておくべきです。連帯保証人は嫌がられても、緊急連絡先くらいなら同意してもらいやすいものです。

③生活保護者

　生活保護者については、生活保護給付金で家賃等生活費が確実に支払われるかどうかが問題になります。地方公共団体によっては、賃借人経由ではなく、賃貸人に直接支払われるところもあります。

　家賃の補助限度額が高く、高い家賃でも入居してくれるので、他の部屋より高い家賃設定でも入ってもらえる場合もあります。

●

　外国人や高齢者、生活保護者の方々の場合、説明してきたようなリスクがあるため、彼らには常に「入居しにくい」という状況がつきまといます。実際、いったん退去させられたら、次の入居先を探すのも大変なようです。

　だからこそ、家賃滞納等のトラブルもなく、（彼ら外国人や高齢者、生活保護者は）優良な入居者になってくれる場合が多いのも事実です。中には、アパートの不具合を連絡してくれたり、清掃してくれたりと、彼らにお世話になることもあります。

　話を戻します。新規入居者選定時には、こういう属性の入居者が問い合わせに来たら注意しておきます。

　ただ、中古物件を入居者付きのオーナーチェンジで購入する場合には、すでに入居者がいるわけですから、入居者選定はしようがありません。

　この場合には、「レントロール」「賃貸借契約書」などを確認したり、売主や仲介会社、賃貸管理会社などから状況を聞いておきます。そのうえで、外国人や高齢者、生活保護者などがいる場合には、それなりのケア（少なくとも賃貸借契約更新時には、本人や連帯保証人、家賃保証会社、緊急連絡先、勤務先、年収等を再確認する。注意深くウオッチしていくなど）をしていくことです。

協　力

4）定期巡回・定期清掃も含め、高齢者の独り身の方については、定期清掃等のときに、外観（郵便受け・電気メーター等）などの様子を見てもらう

　高齢者で、特に身寄りのない方については、怪我や病気、孤独死等の心配があります。生活感については、外観からでも、ある程度、把握できるものです。

　例えば、郵便受けに新聞・郵便物等が溜まったままになっていないか、電気メーターは回っているか（冷蔵庫等でも、ある程度は回ります）、ガスの元栓は開いているか（閉まっていると外出の可能性があります）、カーテンは開いているか、洗濯物は干してあるかなどです。

　建物管理・賃貸管理会社に事情を話したうえで、定期巡回・定期清掃のときなど、折に付け、それとなく注意してもらいます。

　私も、地方に出張や講演、プライベートなどで行ったときには、所有物件まで足を延ばして、何気に見て回ったりしています。あるとき、新聞や郵便物が溜まっている部屋があったので、管理会社に調べてもらったところ、体を壊して、入院されていたことがわかった、ということもありました。何かあったら、大変です。

　昨今では、生体反応チェック（湯沸かしポット）など、いろいろと便利な仕組みも出ているようです。高齢者専用シェアハウスなども、面白いかもしれません。

　賃貸管理会社とは、普段から、こういった孤独死等のリスクについても話しておきます。万一、不測の事態が発生した場合には、警察の立会い、ご遺体引取り、葬式、残置物処理、リフォーム、心理的瑕疵という重要事項説明、家賃値下げのうえでの新規入居者募集など、「所有者ならびに建物管理・賃貸管理会社ともに後処理が大変になる」ということを十分認識し、対応を考えておくことが重要です。

また、こういう体制を整えるため（依頼しやすくするため）にも、普段から良好な関係を築いておくほうが有利なのです。

5）退去時には、退去理由を確認してもらい、所有者・賃貸管理会社ともに、将来の参考にする

退去されると落ち込むものです。しかし、落ち込んでばかりはいられません。忘れずに、退去理由を確認しましょう。退去理由によっては、致命的なものではなく、退去を思いとどまらせることも可能です。

家賃等の条件面であれば、多少、値下げしてでも、住み続けてもらったほうがよい場合もあります。特に、昔から高値の家賃で住んでいただいている場合はそうです。不景気で家賃下落傾向にあるときに新規募集すれば、近隣相場的に家賃が下がる場合が多いからです。更新料を下げたり、免除する場合もあり得ます。

不具合な個所があるうえでのクレームであれば、迅速に対応します。

私の札幌にある物件の話を紹介します。寒い札幌でも、昨今の温暖化の中にあって、ゴキちゃん（ゴキブリ）が出没し始めたのです。寒い札幌では、ゴキちゃんは滅多に見ることもなく、札幌人にとっては免疫がないようで……。何と、ゴキちゃんを見た瞬間に、退去を決意されたようです。

一方、私の出身地の広島等では、「ゴキちゃん登場」は日常茶飯事です。台所に入るや否や、ゴキちゃんは一斉に逃げ回ります。このとき、逃げ遅れたゴキちゃんを裸足で踏んで歩いたりしていました。生命力のあるゴキちゃんは、踏まれても逃げていました。私の友人などは、うどん屋さんのうどんの中にゴキちゃんが入っているのを見ても、

何食わぬ顔をして、ゴキちゃんを摘みだしてから食べ続けていました。ワイルドです。

まずは、そういった話を管理会社経由で入居者の方にお伝えし、免疫力を付けてもらいました。そのうえで、部屋を清潔にすること、ゴキブリバルサン、ゴキブリホイホイ等のグッズを紹介したり、対処法を伝授した結果、退去を思いとどまらせることに成功したのです。

実に稀な例ですが、部屋を貸しているほうからすると、こんなことで退去されたらたまりません。

仮に退去を踏みとどませることができないとしても、退去理由を聞いておけば、今後の反省材料になります。さすがに、立地や環境を変えることはできませんが、修理やリフォーム、リノベーションはできますし、条件の変更もできます。その意味でも、我々ではコントロールできない立地や環境は、最重要事項だということがわかります。

6）毎週の金曜日あたりには、賃貸管理会社に、入居者募集状況を確認する

入居者募集と言えば、やはり、休日（土曜日・日曜日）や祝日がピークです。したがって、前日の金曜日あたりにプッシュしておくのが効果的です。こちらが休みだからといって、休日にプッシュするのは、向こうが忙しい中、迷惑です。

また、電話ではなく、電子メールで連絡をするべきです。相手の都合のよい時間帯に対応できるからです。電話だと、相手の都合を気にしないため、嫌がられます。緊急で、こみいった内容ならいざ知らず、通常の入居者募集のプッシュであれば、電子メールがよいです。

自分の立場で考えてみればわかります。勤め中に、いちいち電話を

かけられると、対応が大変です。その点、電子メールだと、トイレ休憩中などの空いた時間帯に見て、急ぎの要件ならば、その場で返信することもできます。あとで確認することもできます。

7）入居者募集については、賃貸管理会社と相談し、場合によっては、条件緩和、家具・家電付け、リノベーション等も検討する

入居者募集時には、入居希望者から「条件緩和の希望」が入ることがあります。具体的には、家賃値下げが多いのですが、家賃を下げると、収益還元法で見た場合の物件評価額が下がったり、共同担保としての担保余力も下がったりなど、売却せざるを得ないときに売却価格の下落につながりますので、家賃値下げは最後の手段としたいところです。

その代わり、当初の入居負担金を軽減させる手段として、敷金や礼金を減らすか、もしくは「なし」にしたり、フリーレントを付けたり、不動産会社への仲介手数料を減らしてもらうか、「なし」にしてもらったり（その代わり、賃貸人が広告料を払います）といった手を使います。

仲介手数料の減額については、不動産会社との信頼関係ができていないと難しいかもしれませんが、昨今は、こういったやり方も増えています。

ほかには、家具・家電を付加するというやり方もあります。不動産会社としては、家具・家電が売れるぶんだけ儲かるので、安易に勧めてくる傾向にありますが、長期的・全体的に見て、費用対効果をよく考えたうえで決定すべきです。家具・家電を付けると、入居後のイメージがつきやすいですし、家具・家電を持っていなくても、（入居者が）体ひとつで入居できます。その代わり、すでに家具・家電を持っている人にとっては余分なものになります。

また、将来、故障した場合、原則として、修理・交換義務が発生します（付帯物として明示せず、特約で、現物のみで、将来の修理や交換義務を排除しておけば別ですが……）。なお、不要な場合には、撤去の手間暇や経費が掛かります。

協 力

8）入居者募集苦戦物件については、賃貸管理会社に完全に任せきりにするのではなく、入居者募集案内等については自分でもメリット等を提言する

　入居者募集においては、本来は自分事ですので、賃貸管理会社に丸投げするのではなく、自分自身でも主体的に考えることです。

　入居者募集案内においては、一般ユーザの目線で、メリット等を強調します。例えば、私の場合ですと、名古屋駅そば一棟アパートの場合、マイソクを見せてもらい、一部、追記・見直しをしてもらいました。利用駅については、最寄り駅ということで、「亀島駅徒歩10分」とありましたが、私は、「名古屋駅徒歩12分（亀島駅徒歩10分）」と直していただきました。マイナーな最寄り駅を告知するよりも、多少遠くても、メジャー駅、複数路線利用可能な駅、急行停車駅のほうが、訴求効果は高いです。

　また、外観写真についても、単なる外観写真ではなく、一棟アパートの背後に、「ノリタケの森」や名古屋駅の高層ビル群が見えるようなアングルの写真を掲載してもらいました（今は、「ノリタケの森」の横に、ショッピングモール「イオン」を建設中です）。この写真なら、公園の隣で、かつ、名古屋駅のそばであることを、視覚的にアピールできます。

　賃貸管理会社を差し置いて、素人が差し出がましいと考える人もいるかもしれませんが、そこは上から目線ではなく、一般ユーザの素人

の立場からの提案という形で持っていき、理由を話して、納得してもらったうえで、追記・見直ししてもらうことです。

9）賃貸管理会社と相談し、家賃滞納時には、電子メール、電話、手紙、訪問等で対応してもらう

家賃滞納時には、賃貸管理会社経由で、まずは電子メールや電話などで、「家賃が入金になっていないようなのですが？」とやんわりと連絡してもらいます。残高不足程度のことかもしれないからです。それでも駄目なら、手紙、訪問という形です。

最終的には、配達証明付き内容証明郵便にての「賃貸借契約解約通知書」の送付、法的手続きにての「明渡請求」へとつながっていきます。

このあたりのことは、賃貸人が賃借人と直接交渉すると角が立ちやすいので、賃貸管理会社を経由したほうがよいと思います。万一、法的手続きにまで進んでしまった場合は、司法書士や弁護士などの専門家に任せたほうが無難です。

10）夜逃げされた場合には、賃貸管理会社に依頼し、連帯保証人、身寄り等に連絡を取り、残置物を撤去してもらう

賃借人に夜逃げされた場合には、滞納家賃も気になるところではありますが、まずは、残置物を処理します。

残置物は、勝手に処分はできません。連帯保証人や法定相続人、身寄り、緊急連絡先など、何とかツテを頼って、探していきます。そし

て、残置物の引取りをお願いします。

　仮に、法的手続きを取るとなると、莫大な手間暇と経費を要します。特に「時間」は問題です。最低でも半年はかかります。その間、新規の入居者募集もできず、踏んだり蹴ったりとなります。

　滞納家賃回収等は、後回しでも大丈夫です。費用対効果的にも割に合わず、ほとんど期待できないのが実態だからです。

　こういうトラブルへの対応は、賃貸管理会社を経由したほうがよいと思います。

　なお、弁護士に頼むと、着手金だけで 100 万円ほど請求されることもあります。費用対効果的に割に合いません。

11）不自然死・自殺等の場合には、賃貸管理会社に依頼し、警察・救急等の立会い後、連帯保証人・身寄り・緊急連絡先等に連絡する

　もしも、部屋で遺体が発見された場合には、不自然死や自殺以外に、他殺等の事件性の可能性もあるので、警察の立会いとなります。練炭自殺を図った場合など、他の人にも危険が及ぶときには、消防や救急まで入り、大騒ぎになります。

　警察・消防・救急の緊急対応、警察の実地検分の後は、連帯保証人や法定相続人、身寄り、緊急連絡先への連絡です。身寄りがない場合には、まずは、地方公共団体（市区町村等）へ連絡します。通常は、ご遺体の引取り、お葬式くらいまでは、面倒を見てくれます。その後は、残置物撤去手続きとなります。

協力

12) 故障などのトラブルや入居希望条件緩和等、急ぎの連絡の場合もあるので、スマホ等、タイムリーに連絡が取れ、即時に返答できるようにしておく

　不動産会社との関係においては、急いで連絡を取る必要がある場合も少なからずあるものです。例えば、入居者募集で、実際に入居希望者が内見に来ているとします。若干の家賃値下げ要求等があった場合、即答できれば、その場で入居が決まることは実に多いです。

　このとき、こちらと連絡が取れずに、「改めて確認して折り返します」ということになると、入居を希望されている方の熱も冷めて、他に行かれかねません。

　緊急を要する故障（鍵やエアコン、トイレ、バス、水漏れなど）のときにも早めの対応が求められます。対応が遅いと、物件自体の価値を損ないかねませんし、入居者との信頼関係にもヒビが入ります。最悪の場合、退去へとつながることもあります。

　したがって、不動産会社とは、スマホ・携帯電話等を活用して、電話や電子メールなどで、タイムリーにつながるようにしておきます。

　サラリーマンのように、仕事中などで電話に出られないことがあっても、着信履歴があれば、すぐに折り返せます。電子メール等の連絡でも、すぐに返信できます。今は、電子メールでも、ショートメール、LINE など、各種ツールがありますので、うまく活用することです。

　ショートメールについては、電子メールアドレスがわからなくても、携帯電話番号がわかれば使えること、大地震等災害時にでも、送受信容量が小さいがゆえにつながりやすいなどのメリットがあります。

　LINE については、相手が見た場合、「既読」が表示されますので、相手の既読確認まで可能です。

　なお、携帯電話の場合、送受信容量が小さいので、添付データ（Microsoft

Word・Excel・Powerpoint、PDF、写真・動画等）が重い場合には、パソコンの電子メールアドレスにも送信してもらうようにしておくとよいでしょう。

　もちろん、これだけ準備していても、緊急の連絡が取れない可能性もあります。そういうときを見越して、例えば、「５万円以内であれば、不動産会社の裁量で、緊急の修理対応はしてもよい」などと事前に伝えておくのも手です。

　私の場合も、海外で通信環境が悪かったり、時差の関係があったりで、連絡が取りにくいときに限って、故障等のトラブルが起こるようなこともありました。特に、水漏れは一刻を争いますので、不動産会社のほうでの緊急避難的な対応が求められます。

13) お中元・お歳暮などをいただいたときには、タイムリーにお礼の連絡を入れる

良好な関係

　不動産管理会社からは、よく、お中元やお歳暮が届きます。そのときは、礼儀として、すぐにお礼を伝えます。私の場合は、帰宅前に、妻から、「○○さんから、お中元が届いているよ」というメールが入りますので、即、お礼のメールや電話を入れるようにしています。

　繰り返しになりますが、ある賃貸管理会社では、社長さんの趣味が海外旅行だったのか、毎回、現地の変わった品物が贈られてきました。楽しみにしていたものでした。そういうときは、お礼を述べるとともに、私のブログでもお土産を紹介しました。多少の宣伝になれば、嬉しいですからね。

良好な関係

14）たまには、おやつ等を持参し、賃貸管理会社を訪問する（地方の場合には、出張・旅行等の際にも、できるだけ、訪問する）

　たまたま近くまで来たとか、部屋が空室で内見するとか、地方に出張や講演、旅行に行くとか、何か機会があるたびに、物件まで足を延ばすのはもちろん、管理会社にも訪問しています。そのときは、気持ち程度のお土産やおやつを持参しています。従業員の方も、おやつがあると息抜きになりますし、「○○さんからのお土産」ということで、何気に覚えも良くなります。

　電子メールや電話だけでなく、顔を覚えてもらうと、お互いをイメージしやすく、また話しやすくなりますから、必然的に親近感を抱けるものです。

良好な関係

15）賃貸管理会社に対しては、上から目線ではなく、パートナーとして接する

　建物管理・賃貸管理会社に対しては、確かに、こちらから業務委託している立場ではありますが、ある意味、プロにお仕事を頼むということでもあります。

　したがって、上から目線で接するのではなく、お互いに WIN - WIN のパートナーという目線で接することです。

　不動産会社の方々も、人間です。ただの従業員です。しかも、普通のサラリーマンと違って、不動産業界は、転職・独立も日常茶飯事で、流動的な業界です。そこでは、人間対人間という関係にも近いものがあります。

★参考：トラブル事例紹介④

　「人」との関係が大事とは言いつつも、私も、人を見る目がなかったりで、トラブルに遭遇したり、失敗したことも多いものです。

　33年間にわたって、108戸を運営していれば、さまざまなことに遭遇します。それこそ、想像を絶するような、信じられないこともありました。まさに、「事実は小説よりも奇なり」です。

　でも、過去と他人は変えられませんが、未来と自分は変えられます。過去に囚われ、人や社会のせいにしたり、くよくよしても仕方がありません。

　人を見る目がなかったなどと、自分自身のせいにして、反省して、再発を防ぎ、自分自身を変えていき、さらにそこから未来を変えていくしかありません。未来と自分は変えられますから、「七転び八起き」の精神でいきます。

1）ストーカー・空き巣・下着泥棒

　空室は嫌なものです。ですから、入居者が確定したときは、それはそれは嬉しいものです。

　札幌の区分所有マンションでのこと。いつものように、賃貸管理会社から、入居者の方のプロフィールが送られてきました。そこには、見目麗しき女性の写真がありました。この女性、何と、ストーカーにも見初められたようなのです。夜な夜な、誰かに付け回されているような感じを受け、気味悪がって、管理会社にも相談があったのです。

　私のほうにも、管理会社経由で相談が来ました。とりあえず、警察のほうに事情を話してもらうことにしました。しかし、その当時は、「ストーカー規制法」といったものはなく、事件性がない以上、警察は「扱

いようもない」とのことでした。「注意しておきます」程度のことしか期待できませんでした。

しばらくは様子を見ていましたが、その後、空き巣に入られ、下着を盗まれました。ここまで来れば、もはや、住居不法侵入・窃盗となります。刑事事件です。警察もさすがに重い腰を上げざるを得なくなりました。私のほうでは「これはいけない」と思い、即座に、通常の鍵から侵入しにくいディンプルキーに変更しました。

しかし、警察の捜査は進展しませんでした。結局、気持ち悪がられ、その女性は退去となってしまいました。

ちなみに、その後、その部屋には近隣トラブルや家賃滞納、部屋損壊、夜逃げを引き起こす方が入られることとなりました。

２）傷害事件で逮捕・勾留

昨今は、連帯保証制度はひどすぎると社会問題になってきています。その分、家賃保証制度が流行ってきています。

ところが、この家賃保証制度にも落とし穴があるのです。家賃滞納を保証してもらえるものではありますが、通常、期限があります。3カ月程度です。その期間を超えると、賃貸借契約解除や退去手続きなど、法的手続きに移ります。

また、喧嘩による傷害事件など、警察に逮捕された段階で、通常、家賃保証契約は打ち切られます。

私所有の物件の場合でも、入居者が誰かと喧嘩をして傷害事件となり、警察に逮捕・勾留されました。判決は確定していませんが、この段階で、家賃保証契約は打ち切りです。

私としては、判決は確定したわけでもないし、もしかしたら、正当防衛、場合によっては、昨今流行りの冤罪の可能性すらあるわけですから、しばらく様子を見たらと思い、賃貸管理会社経由でその旨を相

談してもらいましたが、家賃保証会社のほうは、即打ち切り、退去手続きに入るとのことでした。

　結果的には、しばらくして勾留は解除され、シャバに戻ることとなったので、家賃保証は遡及して「解除はなかったこと」となり、大丈夫となりました。

　しかし、その後、その方は仕事も辞め、家賃支払能力もなくなることに……。最終的に、もっと安い賃貸料の物件に引っ越すこととなりました。

　また、家賃保証があっても、病院での孤独死等の場合には、通常、ご遺体の引取りやお葬式、残置物までは対応してくれません。

　したがって、連帯保証人や法定相続人、身寄り、緊急連絡先などを確認しておくことが重要となります。

　もし、オーナーチェンジ等で、そういった入居者付きで購入した場合には、仕方ありませんので、地方公共団体（市区町村）に連絡します。通常、ご遺体の引取りやお葬式までは面倒を見てくださるようです。

　連帯保証の代わりに「家賃保証契約」といった安易な風潮がありますが、決して万全なものではないことには注意が必要です。

3）共益費を漏らして賃貸借契約締結

　区分所有法によれば、所有者（賃貸人）が、（建物）管理費・修繕積立金を支払う義務があるとされています。

　賃貸人は、賃借人から家賃を受け取りますが、別途、共益費を受け取る場合もあります。

　札幌などでは、この（建物）管理費・修繕積立金の利益享受者は、所有者ではなく賃借人であり、実費は受益者負担という発想のもとに、所有者ではなく、賃借人が管理組合（建物管理会社）宛に、直接支払う場合もあります。

このやり方の場合、実費の受益者負担としてわかりやすいこと、受取りや支払いの手間暇や経費がかからないこと、（建物）管理費や修繕積立金の値上げを転嫁しやすいことなどのメリットがあります。

ところで、札幌の区分所有マンションでのこと。入居者退去後、新規の入居者の募集のとき、気になった私は、（建物）管理費・修繕積立金の転嫁に遺漏なきようにと、何度も、賃貸管理会社に確認しました。

従来は、賃貸人が管理組合（建物管理会社）宛に、（建物）管理費・修繕積立金を支払うやり方でした。そのうえで、従来と同額の手取りということにして、新規の賃貸借契約を締結。今回も、賃貸人のほうで、管理組合（建物管理会社）宛に、（建物）管理費・修繕積立金を支払うやり方でした。

ところが、しばらくしてからのこと、（建物）管理費・修繕積立金が、想定していた額より、大幅に多いのです。どうやら、前の賃借人も、（建物）管理費・修繕積立金の一部を、管理組合（建物管理会社）宛に支払っていたようなのです。つまり、賃貸人・賃借人双方が、一部を支払っていたのです。賃貸管理会社も私も気づきませんでした。以前、賃貸人として支払っていた（建物）管理費・修繕積立金がすべてだと思っていたのです。

ところが、新規入居者の方とは、すでに、共益費（月1万円弱）を考慮しない、割安の「賃貸借契約」を締結済みでした。賃貸管理会社に相談しても、「今さら、増額はできない」とのこと。結局、私が損を被る形となりました。

この事例では、賃貸管理会社のミスもありましたので、当該物件については、気持ちだけではありますが、賃貸管理費（消費税抜き本体価格2000円）を不要としてくださいました。

先述したように、区分所有マンションの場合、所有者は、管理組合

（建物管理会社）宛に、（建物）管理費・修繕積立金を支払います。一方、実務上は、所有者（賃貸人）は、賃借人に対し、「家賃」とは別に、（建物）管理費等の実費分として、ある程度、「共益費」を取る場合があります。

　本件の場合、入居者は、管理組合（建物管理会社）宛に、（建物）管理費等の実費分として、「共益費」という意味合いで、（建物）管理費・修繕積立金の一部分を支払っていたということです。

　そして、別途、所有者（賃貸人＝私）は、本来の（建物）管理費・修繕積立金から、賃借人（入居者）が直接、管理組合（建物管理会社）宛に支払っていた額との差額分を、管理組合（建物管理会社）宛に、支払っていたということです。

　当方としては、中古・オーナーチェンジ（入居者付き）で購入しており、賃貸管理会社を含め、そういった経緯がわからなかった為、（建物）管理費・修繕積立金は、少額と誤解していたものです。

従って、新しい入居者との賃貸借契約においては、少額の（建物）管理費・修繕積立金を前提に、家賃・共益費を設定してしまったものです。

こういうことも起こるのが不動産経営なのです。

4）近隣トラブル・家賃滞納・部屋損壊・夜逃げ

　夏・冬になると、不動産会社などから、お中元やお歳暮が届きます。

　ある夏の日、見覚えのない方から、おいしそうなお中元が届きました。誰からいただいたものかもわからないので、心配で食べるわけにもいきません。

　札幌からでしたので、お付き合いのある札幌の2社に問い合わせたのですが、心当たりがないとのこと。ひょっとしたら、入居者の方かもしれないと思い、もう一度、調べてもらったところ、札幌のワンルームマンションの入居者の方からであることが判明しました。不動産経

営を 33 年間、108 戸やっていますが、入居者からお中元をいただいたのは、後にも先にもこのときだけです。

　最初は、律儀な方だなと感心していましたが、単に、変わった人だったようです。その後、玄関にお清めの塩を撒いたり、変な飾り付けをしたり、奇声を発したり、近隣住民に気味悪がられ、賃貸管理会社経由で私にも「退去させてほしい」というクレームが来はじめました。強制退去させるわけにもいかないので、それとなく注意してもらったうえで、様子を見ることとしました。

　その後、家賃滞納も始まりました。例によって、電話や手紙、訪問で督促するも、ラチがあきません。配達証明付き内容証明郵便でも駄目です。

　いよいよ、法的手続きに入らざるを得ないかなと思い始めたころ、賃貸管理会社から、1 本の電話。「喜んでください！！　退去となりました！　正確には、夜逃げですが……」と。部屋の中は、泥まみれで、台所は壊されていました。残置物もそのままです。どうやら、陶芸が趣味とのことで、それで、泥まみれだったようです。

　部屋の明渡し確認、精算、残置物撤去等のため、連帯保証人でもある入居者のお兄さんとも日程調整するも、何度もすっぽかされ、時間を要してしまいました。

　そんなこんなで、入居シーズンの 3 月も過ぎてしまいました。やっとのことで、リフォーム準備です。リフォーム会社に見てもらったところ、「馬でも飼っていたのですか？」と言われてしまいました。

　リフォームの見積もりは、何と 50 万円。他の会社に相見積もりを取ったりもしましたが、やっとこさで 40 万円でした。

　滞納は家賃のみならず、管理組合（建物管理会社）宛に支払う水道光熱費も、数年間にわたって数万円も滞納していました。どうやら、水道料は、いくら使っても定額だと勘違いしていたようです。陶芸が趣味だとかで、ふんだんに使っていたのでしょう。

管理組合が勝手に作った「管理規約」とやらで、所有者に支払い義務があるとのことでした。私は、そんな「管理規約」などは知りませんし、同意した覚えもありませんが、「新所有者は旧所有者の権利義務も承継することになる」とのことでした。

　それにしても、管理組合（建物管理会社）も、数年間も放置したうえで所有者に突然請求してくるとは、理不尽なやり方です。結局、こちらは、滞納家賃・滞納水道光熱費・リフォーム費用等、数十万円も負担させられました。

　連帯保証人はと言えば、「兄弟は他人の始まり」とばかりに、「わしゃ知らん」です。残置物のみ撤去しましたが、それっきりです。

　ちなみに、弁護士に相談し、法的手続きをしようにも、通常は着手金だけで100万円ほど請求されます。時間や手間だけかかり、費用対効果的にもペイしません。

　家賃滞納の常習者ともなると、そういうことも熟知した確信犯として、数十万円等滞納しては夜逃げして、賃借物件を渡り歩いているツワモノもいるそうです。家具・家電付きの物件は狙われやすいのかもしれません。

　そういった人たちのブラックリストもあるようですので、入居者審査のときには、気をつけたほうがいいです。

　以前、ある入居者について賃貸管理会社から連絡が来て、どうやら、「家賃滞納の渡り鳥らしき人のようです」と言われました。もちろん、丁重に入居をお断りさせていただきました。

5）家賃保証会社による家賃減額・家賃滞納・夜逃げ・倒産

　入居者による家賃滞納はよくある話ですが、以前、何と、一括借上げ家賃保証会社による家賃滞納・夜逃げに遭ったこともあります。これも、中古で購入した、札幌の区分所有マンションの話です。

このマンションは、ある会社が、設計から施工、販売、建物管理、賃貸管理など、一気通貫のワンストップで行っていました。その会社により、一括借上げ家賃保証がされていました。区分所有マンションでしたが、何故か、管理組合もありませんでした。

　ところが、しばらくして、家賃の入金が遅れがちになってきたのです。電話を入れると、「今、社長は、出張中でわかりません」という話になります。月数万円の家賃送金まで、社長がいないとわからないものなのでしょうか。

　その後も、「今、社長は体調不良で入院中のため、わかりません」とか、はぐらかされます。

　ラチがあかないので、宅地建物取引協会等に電話して相談しました。「賃貸管理業務は管轄ではなく、管轄団体は特にない」などと言われましたが、一応、電話は入れてくださいました。

　すると、すぐに、当該不動産会社から電話がかかってきました。「滞納家賃はすぐに支払います」とのことです。そして、すぐに支払われました。役所の効果はすごいものです。

　しかし、それも束の間。再び、家賃滞納が始まりました。並行して、実際の家賃下落に伴い、一括借上げ家賃引き下げのご協力依頼まで来ました。

　他の会社に聞いてみると、どうやら、他の物件で足を引っ張られており、当該会社の業績自体はいまいちとのことでした。

　私のほうは、同意書は出さず、しばらく静観していたところ、家賃滞納はさらにひどくなりました。

　札幌の他の管理会社に様子を見に行ってもらったところ、その筋系のようなガラの悪い連中がうろついており、異様な様子だったようです。その後、人気もなくなったようです。

　そして、夜逃げです。私は、まずは被害拡大防止を考えました。札幌の他の管理会社の協力を得て、大阪の他支店のアジトを掴んでもら

いました。

　そこで交渉してもらい、今後の家賃に関しては、入居者は、所有者である私に直接支払ってもらうように変更するべく、一筆を取ってもらいました。そして、滞納家賃の回収です。一部回収不能なものがありましたが、かなりの部分を回収することができました。

　次にやることは、管理組合の立ち上げ、管理会社の変更です。私の名前で、各区分所有者に手紙で呼びかけました。途中、当該不動産会社から、配達証明付き内容証明郵便にて、「名誉棄損だ」「2週間以内に、謝罪のうえ、行動をやめろ」「さもないと、法的に手続きを取る」と来ました。こちらは、名誉棄損はしておらず、事実のみを述べ、たんたんと事務処理を行っているだけです。そのまま放置し、静観しました。

　やがて、ほとぼりが冷めたころ、他の不動産会社のほうに、売買金額1円と同額の買戻し特約条件付きで売買し、所有権を移転。その方に発起人みたいになってもらい、管理組合を立ち上げ、当該会社に管理会社変更手続きを取ってもらいました。その後は、順調に推移しています。

6）不自然死

　ある日、東長崎駅そばの女性専用＆楽器専用区分所有マンションの管理会社から、突然の電話がありました。管理会社からの突然の電話と言えば、やれ何がめげた（故障した）から金をくれ、やれ退去だとか、ろくな電話はありません。

　そのときも、そんな類いかと憂鬱な気持ちで受話器を取ったところ、そんなレベルのものではありませんでした。

　「落ち着いて聞いてください。入居者の女性の方がご遺体で発見されました」。そう言われても、何が起こっているのか、私にはよくわ

かりませんでした。「お母さまが発見されて、今、警察の方が実地検分中です」とのこと。結局は、自殺・他殺等ではなく、不自然死ということのようでした。

　私としては、初めてのことでもあり、ビックリしたものです。こういう場合、原則として、賃貸・売買時の心理的瑕疵による告知義務はないのですが、念のため、家賃保証一括借上げ契約に変更しました。

7）首吊り自殺（女性入居者の部屋で男性の首吊り死体発見？）

　札幌の区分所有マンションでのこと。今度は、女性に貸していた部屋で、何と、男性の首吊り死体が発見されたという連絡がありました。また、警察による実地検分です。

　1週間ほど経ってからのこと。真相がわかってきました。どうやら、入居者の女性に彼氏ができて、やがて同棲。その後、喧嘩別れして、女性が出て行った。その同棲相手も出ていくが、何故か、その同棲相手のお兄さんが住み付いていた模様。何でも、その同棲相手のお兄さんは、ノイローゼ気味の人だったようです。賃借物件を借りにくい人だったのかもしれません。ノイローゼの末の自殺だったのでしょうか。女性に貸していたはずの部屋に男性が住んでいても、誰も気づきもしなかったのです。

　当該マンションは、何百世帯もある大規模マンションです。誰が住んでいるか、管理人もわからないのでしょう。

　家賃入金は自動引き落しでした。滞納もなく、きちんと入っていましたから、賃貸管理会社も私もノーケアでした。

　さらには、当時は（今も）、札幌は大不況の真っただ中。H海道拓殖銀行、Mイカル、Y印等、多くの会社が業績不振になったり、破綻したり、倒産していました。賃貸借契約更新手続きなどをしようものなら、やぶへびとなり、「家賃を下げてくれ」だの、「退去して引っ越

す」という話になりかねません。

　したがって、自動更新が流行っていました。私も、賃貸管理会社と相談のうえ、そうしたものです。今にして思えば、きちんと賃貸借契約は更新しておくべきでした。

◎本当に、その人が住んでいるのか？
◎きちんと仕事をし収入はあるのか？
◎連帯保証人は、きちんと仕事をし収入はあるのか？
◎そもそも生存しているのか？

　以上のことを、２～３年ごとに、定期的に再確認できるからです。
　ところで、自殺・他殺等の場合、賃貸・売買時には、心理的瑕疵による重要事項説明対象となります。不自然死等の場合には、原則として該当しませんが、発見が遅れ、腐乱化・白骨化した場合には、告知したほうがよいと解されています。
　そうなると、賃貸料・売買金額は、半額程度に下がってしまいます。本件のときにも、「誤って、首をひっかけてしまった事故ではないでしょうか」などと聞いてみましたが、高い位置でしたので、どう考えても事故ではなく、「自殺です」と言われてしまいました。
　後日談ですが、賃貸管理会社のほうでは、リフォーム会社にまで、丁寧に告知されたため、気味悪がって何社かリフォーム自体を断られる始末。そうこうしているうちに、３月の入居シーズンも逃してしまい、１年以上にわたって空室期間が続くことになりました。

8）練炭自殺（空室のはずの部屋で練炭自殺？）

　名古屋駅そばの一棟アパートでの話です。ある年の年始早々、名古屋の消防署から突然の電話。「おたく所有のアパートの一室で、誰か

が練炭自殺を図っているようです。知り合いの方が訪ねてきて、様子がおかしいようなのです。他の部屋にも一酸化炭素が充満し危ない可能性もありますので、至急、全室の鍵を開けてください」とのことでした。

建物管理・賃貸管理は不動産会社に委託していましたので、そもそも鍵は持っていません。しかも、私は東京です。名古屋に駆け付けるわけにもいきません。

名古屋消防署の方は、看板に記載されている緊急連絡先として、建物・賃貸管理会社に電話したようです。ところが、誰も出なかったため、情報登録してある所有者である私に連絡してきたようでした。

その後も、名古屋消防署・私ともに、建物・賃貸管理会社に連絡しましたが、なかなか電話に出ません。この不動産会社は、携帯電話番号ではなく、固定電話番号を記載していました（携帯電話に転送設定しているとのことも言っていましたが、実態は、よくわかりません）。どうやら、当日は年始で、出社が遅かったようです。やっとこさで、連絡がつき、駆け付けてもらいました。

現場は、消防・救急・警察も駆け付け、大騒ぎです。結果的には、練炭自殺を図った当事者はお亡くなりに……。全9室なので、他は8室。そのうち7室の方は外出中。残り1室の方はご無事でした。

ところで、よく考えたら、その事件の部屋は空室のはず。練炭自殺をした人は、一体、誰なのか？

あとで話を聞いてわかったのですが、どうやら、年末ギリギリになって、急に入居したいとのことで入居させ、私への連絡を忘れていたとのことでした。

通常、前の部屋を退去する場合は、1カ月以上前に告知するか、その分の家賃を払うかです。したがって、急に転居というのは、あまりなく、どう考えても不自然です。特に、近所からの転居の場合はそうです。前の部屋を追い出されたとか、仕事・異性・近隣関係など、何

かトラブルがあったとか、です。いずれにせよ、要注意です。

結果的には、年末に入居して、年始に自殺されたわけで、何か、死に場所を探していたかのような感じです。

区分所有マンションと違って、一棟物の場合、下手をして他の部屋にも影響が出ると、全空になるリスクもあり得ます。この物件の場合、大騒ぎになった割には、他の部屋には影響は出ませんでした。

後日、不動産会社のほうで、当該自殺者のお母様と話されたのですが、自殺の原因は不明。お母様にもお金がなく、結局、それきりです。法的には、高額リフォーム費用や家賃減額分、空室分など、損害賠償請求はできるのですが、支払能力は別問題です。

9）孤独死

昨今は、少子高齢化・人口減ということもあって、高齢の入居者が増えています。高齢者で心配なのは、支払能力と孤独死です。

支払能力については、生活保護や年金、労働収入、他の収入、家族からの援助、資産、家賃保証契約等、何とかなる場合も多いです。

しかし、孤独死は心配です。先述したように、部屋でお亡くなりになった場合、通常は、告知義務まではいかないとされていますが、発見が遅れ、腐乱化、白骨化までいくと告知したほうがよいと解されているからです。

部屋ではなく、病院等でお亡くなりになった場合には、告知義務は関係なくなります。しかし、ご遺体の引取りやお葬式、残置物引取りなどの問題があります。

したがって、連帯保証人や法定相続人、身寄りなど、少なくとも緊急連絡先くらいは確認しておくべきです。連帯保証人は嫌がられても、緊急連絡先くらいなら大丈夫なものです。

身寄りがない場合でも、地方公共団体（市区町村）に連絡すれ

ば、ご遺体の引取りやお葬式までは面倒を見てくれるようです。

　ただし、残置物撤去の問題は残ります。残置物がある場合、勝手には撤去できず、法的手続きを取らざるを得ません。通常、半年はかかります。それまで、新規入居者の募集もできません。

　したがって、連帯保証人など、緊急連絡先等を確認しておくことが重要なのです。残置物撤去や新規入居者募集を迅速に行うことができるからです。家賃回収や精算などは、後回しでもやむを得ません。

～第5節～
不動産会社とうまく付き合うコツ④
～不動産物件の売却編～

1）なるべく、売却はしない

　アベノミクスミニミニバブルのときには、転売益狙いや出口戦略といった言葉が流行りました。1980年代後半のバブルを思い起こさせたものです。

　しかし、2018年の悪徳金融機関による不正融資事件等をきっかけに、不動産融資禁止令が出て、アベノミクスミニミニバブルは崩壊。通常の状態に戻りました。

　不動産経営は、本来は、家賃収入というインカムゲイン狙いであって、決して、転売益狙いではありません。例外として挙げられるのは、不良物件を割高で買ってしまったなど、持ち続けるとキャッシュフローや財務内容が悪化する場合です。そのほかでは、減価償却期間が終わってしまって節税効果が弱まったケースや、他の物件と入れ替えたほうがよい場合も該当します。

　単に値上がりしたようだから売却しようという安易な考えでは、結局、諸経費や譲渡税等の税金で利益のほとんどが消えてしまい、何にも残らないといったことにもなりかねません。

　諸経費としては、売却時には、仲介契約書や売買契約書等の収入印

紙税のほか、仲介手数料（物件価格の約３％）、抵当権抹消費用、司法書士手数料などが掛かります。

　不動産譲渡税としては、所有期間５年超（正月を５回以上迎える）の場合で、譲渡益の約２割、５年以内の場合で譲渡益の約４割が税金で取られます。ここでいう譲渡益とは、「売却価格－簿価－売買諸経費」です。差し引くのは、簿価であって、購入価格ではありません。つまり、減価償却した後の価格なのです。

　したがって、実際の売買差益より、見かけ上だけ、大きくなってしまうのです。売却しても、思ったほど残らないのです。

　さらには、金の卵を産む鶏を売ってしまうわけですから、家賃も入らなくなります。資産入替といっても、優良物件を割安価格で買えるかどうかはわかりません。良い条件の融資受けが可能かどうかもわかりません。

　「売る」ということは、お宝の融資の期限の利益を放棄することでもあるのです。私の場合、長期保有目的ですから売却したことはありません。

　「不動産に惚れてはいけない」と言う人もいますが、私は、そんなことはないと思います。惚れて入手したからこそ、自信を持って、入居者にも勧められるのだと思います。そして、手放すこともありません。

◆重要事項説明書　見本01（計34ページ分から一部抜粋）

重　要　事　項　説　明　書

（売買・交換）

（第一面）

年　　月　　日

殿

　下記の不動産について、宅地建物取引業法（以下「法」という。）第35条の規定に基づき、次の
とおり説明します。この内容は重要ですから、十分理解されるようお願いします。

商号又は名称
代表者の氏名　　　　　　　　　　　　　　　　　　　　　　　印
主たる事務所
免許証番号
免許年月日

説　明　を　す　る　宅地建物取引士	氏　　　名	印
	登　録　番　号	（　　　　）
	業務に従事する事務所	電話番号（　　　　）　　　－

| 取　引　の　態　様（法第34条第2項） | 売買　　・　　交換 |
| | 当事者　・　代理　・　媒介 |

土地	所　在　地				
	登記簿の地　　目		面積	登記簿面積　　　　㎡
				実測面積　　　　㎡
建物	所　在　地				
	家　屋　番　号		床面積	1階　　　㎡	計　　㎡
	種類及び構造			2階　　　㎡	
売主の住所・氏名					

102

◆重要事項説明書　見本02（計34ページ分から一部抜粋）

（第二面）

I　対象となる宅地又は建物に直接関係する事項
　1　登記記録に記録された事項

	所有権に関する事項 （権利部（甲区））		所有権以外の権利に 関する事項（権利部 （乙区））
		所有権に係る権利に 関する事項	
土 地	名義人　氏　名 　　　　住　所		
建 物	名義人　氏　名 　　　　住　所		

　2　都市計画法、建築基準法等の法令に基づく制限の概要
　（1）都市計画法・建築基準法に基づく制限

1 都 市 計 画 法	区　域　の　別	制　　　　限　　　　の　　　　概　　　　要			
	市 街 化 区 域 市街化調整区域 非 線 引 区 域 準都市計画区域 そ　　の　　他				
2 建 築 基 準 法	イ 用 途 地 域 名	制　　　限　　　の　　　内　　　容			
	ロ 地域・地区・街区名等	制　　　限　　　の　　　内　　　容			
	ハ 建築面積の限度 　　（建蔽率制限）	（敷地面積　　　　㎡ －　　　　㎡）×　　　　＝　　　　㎡			
	ニ 延建築面積の限度 　　（容積率制限）	（敷地面積　　　　㎡ －　　　　㎡）×　　　　＝　　　　㎡			
	ホ 敷地等と道路との関係				
	ヘ 私道の変更又は廃止の 　　制限				
	ト そ　の　他　の　制　限				

103

（第三面）

（２）（１）以外の法令に基づく制限

	法　令　名	制　　　限　　　の　　　概　　　要
1		
2		
3		
4		

３　私道に関する負担に関する事項

負担の有無	有　・　無	備　　　考
（負担の内容） 　面　積　　　　　　　㎡ 　負担金　　　　　　　円		

４　飲用水・電気・ガスの供給施設及び排水施設の整備状況

直ちに利用可能な施設		施設の整備予定	施設整備に関する特別負担の有無	
飲用水	公営・私営・井戸	年　　月　　日　　公営・私営・井戸	有・無	円
電　気		年　　月　　日	有・無	円
ガ　ス	都市・プロパン	年　　月　　日　　都市・プロパン	有・無	円
排　水		年　　月　　日　（　　　） 浄化槽施設の必要　　有・無	有・無	円
備　考				

５　宅地造成又は建物建築の工事完了時における形状、構造等（未完成物件のとき）

宅 地	形状及び構造	
	宅地に接する 道路の幅員及 び構造	

◆重要事項説明書　見本04（計34ページ分から一部抜粋）

（第四面）

建物	形状及び構造		
	主要構造部、内装及び外装の構造・仕上げ		
	設備の設置及び構造	設 置 す る 設 備	構 　 造

6　建物状況調査の結果の概要（既存の建物のとき）

建物状況調査の実施の有無	有	無
建物状況調査の結果の概要		

7　建物の建築及び維持保全の状況に関する書類の保存の状況（既存の建物のとき）

	保存の状況	
確認の申請書及び添付図書並びに確認済証（新築時のもの）	有	無
検査済証（新築時のもの）	有	無
増改築等を行った物件である場合		
確認の申請書及び添付図書並びに確認済証（増改築等のときのもの）	有	無
検査済証（増改築等のときのもの）	有	無
建物状況調査を実施した住宅である場合		
建物状況調査結果報告書	有	無
既存住宅性能評価を受けた住宅である場合		
既存住宅性能評価書	有	無
建築基準法第12条の規定による定期調査報告の対象である場合		
定期調査報告書	有	無

◆重要事項説明書　見本05（計34ページ分から一部抜粋）

（第五面）

昭和56年5月31日以前に新築の工事に着手した住宅である場合			
新耐震基準等に適合していることを証する書類 書類名：（　　　　　　　　　　　　　）		有	無
備考			

8　当該宅地建物が造成宅地防災区域内か否か

造成宅地防災区域内	造成宅地防災区域外

9　当該宅地建物が土砂災害警戒区域内か否か

土砂災害警戒区域内	土砂災害警戒区域外

１０　当該宅地建物が津波災害警戒区域内か否か

津波災害警戒区域内	津波災害警戒区域外

１１　石綿使用調査の内容

石綿使用調査結果の記録の有無	有	無
石綿使用調査の内容		

１２　耐震診断の内容

耐震診断の有無	有	無
耐震診断の内容		

１３　住宅性能評価を受けた新築住宅である場合

登録住宅性能評価機関による住宅性能評価書の交付の有無	有	無
登録住宅性能評価機関による住宅性能評価書の交付	設計住宅性能評価書	
	建設住宅性能評価書	

◆売買契約書01

土地建物売買契約書（売買代金固定型）

売主　　　　　と買主　　　　　とは、末尾記載の土地および建物（以下「本物件」という）の売買契約を締結しました。その証として本契約書2通を作成し、売主・買主署名押印のうえ各その1通を保有します。

第1条　（売買の目的物および売買代金）
売主は、買主に本物件を現状有姿のまま金　　　円也で売渡し、買主はこれを買受けました。

第2条　（手付金）
買主は、売主に手付金として本契約と同時に金　　　円也を支払います。手付金は、残代金支払いの時に、売買代金の一部に充当します。ただし、手付金の充当にあたっては利息を付しません。

第3条　（売買代金の支払い方法、時期）
買主は、売主に売買代金金　　　円也を平成　　年　　月　　日までに現金または預金小切手をもって支払います。

第4条　（売買対象面積）
本物件の売買対象面積は、末尾表示の面積とし、実測面積と差異が生じたとしても売主・買主は売買代金の増減の請求その他何らの異議を申し立てないものとします。

第5条　（境界の明示）
売主は、残代金支払日までに買主に対して、その立会いのもとに境界を明示しなければなりません。

第6条　（所有権の移転および引渡し）
本物件の所有権は、買主が売買代金全額を支払い、売主がこれを受領したときに売主から買主に移転します。
2.売主は、買主に本物件を前項の所有権移転と同時に引き渡すものとします。

第7条　（抵当権等の抹消）
売主は、前条の所有権移転の時期までに、その責任と負担において本物件につき、先取特権、抵当権等の担保権、地上権、賃借権等の用益権その他名目形式の如何を問わず、買主の完全な所有権の行使を阻害する一切の負担を除去抹消しなければなりません。

第8条　（所有権移転登記等）
売主は、売買代金の受領と同時に本物件について、買主と協力して買主または買主の指定する者の名義に、所有権移転登記の申請手続きをしなければなりません。ただし、この登記に要する費用は買主の負担とします。

第9条　（引渡し前の滅失等）
本物件の引渡し前に天災地変、その他売主、買主いずれかの責めに帰すべからざる事由により、本物件が滅失もしくは毀損し本契約の履行が不可能となったときは、売主、買主は本契約を解除することができます。ただし、毀損が修復可能なときは、売主はその負担においてそれを修復し、買主に引渡すものとします。
2.前項により本契約が解除された場合、売主は、買主に受領済みの金員を無利息にてすみやかに返還しなければなりません。

◆売買契約書02

第10条　（付帯設備の引渡し）
売主は、別紙付帯設備表のうち引渡すべき設備等については、本契約締結時の状態で引渡すものとし、引渡し時において
これと異なる状態であれば、売主の負担においてこれを修復して引渡すこととします。

第11条　（公租公課の分担等）
本物件から生ずる収益または本物件に対して賦課される公租公課およびガス、水道、電気料金ならびに各種負担金等の諸
負担については、第5条の引渡し日の前日までの分を売主、引渡し日以降の分を買主の収益または負担とし引渡し日に清
算します。なお、公租公課の起算日は1月1日とします。

第12条　（瑕疵担保責任）
売主は買主に本物件を現状有姿のまま引き渡すものとします。ただし、売主は、本物件について引渡し後、2ヶ月以内に
発見された雨漏り、シロアリの害、建物構造上主要な部位の木部の腐食、給排水の故障の瑕疵についてのみ、買主に対し
て責任を負うものとします。
2．前項の瑕疵が発見された場合、売主は、自己の責任と負担において、その瑕疵を修復しなければなりません。ただし、
本契約締結時において、買主が前項の瑕疵を知っていたときは、売主はその責任を負いません。

第13条　（手付解除）売主および買主は、平成　　年　　月　　日までは、買主は手付金を放棄して、売主は手付金を
買主に返還し、かつそれと同額の金員を買主に支払うことにより、それぞれ本契約を解除することができます。

第14条　（契約違反による解除）
売主または買主のいずれかが本契約にもとづく義務の履行をしないときは、その相手方は、不履行した者に対して催告の
うえ本契約を解除し、違約金として売買代金の（20）％相当額を請求することができます。
2．売主または買主は、第1項の解除にともない違約金を超える損害が発生したときでも、違約金を超える金額について
は請求することができません。また、その損害が違約金より少ない金額の時でも違約金の減額を求めることができません。

第15条　（融資利用の特約）
買主は、売買代金の一部に融資金（融資申込先○○銀行○○支店、融資金額金　　　　　円也）を利用する場合、本契約締
結後すみやかにその融資の申し込み手続きをしなければなりません。
2．前項の融資が否認された場合、買主は平成　　年　　月　　日までであれば本契約を解除することができます。
3．前項により本契約が解除された場合、売主は、買主に受領済みの金員を無利息にてすみやかに返還しなければなりま
せん。

第16条　（印紙代の負担区分）
本契約書に貼付する印紙については、売主、買主各自の負担とします。

第17条　（諸規定の継承）
売主は、環境の維持および管理上の必要から定められている諸規定を遵守する義務のすべてを買主に継承させ、買主はそ
れを承継するものとします。

◆売買契約書03

第 18 条　（管轄裁判所に関する合意）

本契約について、売主、買主間に紛争が生じたときは、本物件所在地を管轄する裁判所を売主、買主合意の裁判所とします。

第 19 条　（規定外事項の協議義務）

本契約書に定めのない事項については、民法その他関係法規および不動産取引の慣行に従い、売主、買主たがいに誠意をもって協議し、決定するものとします。

以上

物件の表示	
土地	1.　所在 2.　地番 3.　地目 4.　地積
建物	1.　所在 2.　家屋番号 3.　種類 4.　構造 5.　床面積

平成＿＿年＿＿月＿＿日

売主　　　　　　　　　　　　　住所

氏名　　　　　　　　　　　　印

買主　　　　　　　　　　　　　住所

氏名　　　　　　　　　　　　印

第**2**章

金融機関の
選定・付き合い方

～第 1 節～
金融機関との
基本的な付き合い方について

　不動産経営において、物件購入と資金調達は、車の両輪のようなものです。「まえがき」で少し触れたように、借入金を活用すると、不動産経営の威力は高まり、以下の特徴・メリット・リターンが生まれます。

○金融機関が準第三者的な視点で、ある程度、自分自身と物件をチェックしてくれること
○早い時期に、高額の物件も購入対象にできること
○低金利で資金調達し、高利回りで運用し、イールドギャップ・"てこ"の原理（レバレッジ）を活用でき、投下自己資金当たり利回りを向上させることができること
○団体信用生命保険（団信）という生命保険機能が活用できること
○節税機能が活用できること（支払金利の経費計上、不動産の評価減）
○紙幣・国債増刷の中、インフレを想定した場合、貨幣価値が下がり、借入金の負担は下がり、相対的に、家賃・不動産の価値は上がること

　このような借入金を活用するためには、金融機関の選定・付き合い方が重要になってきます。まずは、どういう金融機関がよいのかについて、本節で紹介していきます。

1）金融機関の融資スタンスはコロコロ変わるので注意

　資金調達については、その時々の経済情勢や金融情勢、各金融機関（支店）や担当者の融資スタンスによって、コロコロ変わります。

　一般的に、好景気のときは、家賃はさほど上がらないのに、物件価格のみが上がりますので、利回りは悪くなります。その代わり、資金調達は受けやすくなります。

　逆に、不景気のときは、家賃はさほど下がらないのに、物件価格のみが下がりますので、利回りは良くなります。その代わり、資金調達はしにくくなります。

　金融情勢としては、金融庁等が調整します。不景気だと、活力を与えるために、金融緩和や金利引き下げなどを主導します。逆に、景気が過熱した場合には、金融引き締めや金利引き上げなどを主導します。

　昨今のように、悪徳金融機関が出て、各種書類偽造や不正融資などが横行したときには、世間の手前もあってか、金融引き締めをします。

　1990年の平成バブル崩壊、2018年の悪徳金融機関S銀行やS社による「Kぽちゃの馬車」事件に端を発するアベノミクスミニミニバブル崩壊時には、不動産融資禁止令を出しました。

　ここで重要なのは、**似たような経済情勢・金融情勢の中にあっても、金融機関や支店、担当者によって融資スタンスは異なる**、ということです。同じ金融機関であっても、支店が異なれば、駄目だった融資受けが通ることさえあります。

　また、同じ金融機関や支店、担当者であっても、情勢が変われば、対応も変わるものです。極端な場合、2週間で変わることすらあります。融資受け不可能だったのに、急に融資受け可能になったり、逆に、融資受けできていたのに、できなくなったりすることもあります。

　私たちは、いつの時代でも、インターネットや新聞、不動産会社、

金融機関、不動産経営者仲間等からの情報などに対して、アンテナを張りめぐらしておかないといけません。状況が変われば対応も変わるわけですから、あきらめないことです。

2）ひとつの金融機関に絞らない

教科書的には、「金融機関は、1行に絞りましょう」とよく言われています。給与振込口座や光熱費など、各種自動引き落しを1行に集中させようというものです。その意味はわかります。そのほうが融資受けしやすくなると思われるからです。

しかし、先述したように、融資状況は目まぐるしく変わります。絞り込んだ1行から融資受けできる保証はありませんし、仮に融資受けできても、今後も引き続き融資受けできるかどうかはわかりません。

以上を踏まえると、さまざまな金融機関とお付き合いするべきだと、私は考えています。

私は、不動産経営用ローンや住宅ローン、教育ローンなどを活用しています。ローンを組むときには、国・地方公共団体（市区町村）、政府系、都市銀行（都銀）、地方銀行（地銀）、外資系、生命保険会社、メーカー系、ノンバンク、カード会社、勤務先（社内融資）等、ひとつに絞らずに使っています。

1990年バブル崩壊後の不動産融資禁止令のもと、不動産氷河期のころは、ノンバンクやカード会社から資金調達したこともありました。

このように、その時々の情勢に応じて、使い分けることの大切さを身をもって感じています。

3）住宅ローンや教育ローンは、お金があっても活用する

どの家庭でも、住宅資金や教育資金用にお金を貯めているものです。

しかし、仮に、お金があったとしても、住宅ローンや教育ローンは、借りておいたほうがいいです。また、その後、お金ができたとしても、繰り上げ返済はしないことです。

　なぜなら、住宅ローンや教育ローンは、不動産経営用ローンと違い社会政策的見地もあって、借りやすく、融資金額割合が高く（自己資金少なめでも可）、借入期間も長く（35年間等）、固定金利（金利上昇リスクなし）で、金利も低め（0％〜1％台もあり）だからです。「お宝」と言えるものなのです。

　教育ローンに至っては、地方公共団体（市区町村）の場合、金利なしのケースもあります。借りない手はありません。お金があっても借りておけばよいのです。借りておいて、本来、支払うべきだった資金を他で運用すればいいのです。

　昨今、預貯金はゼロ金利ですが、年利4％ほどで回る安定株もあります。それに対し、不動産経営用ローンの場合には借りにくく、融資金額割合は低く（通常、自己資金1割から昨今では3割）、借入期間は短く（通常、最長30年間等）、通常、変動金利（金利上昇リスクあり）であり、金利も高め（通常、1〜4％台）です。

　借入金というものには、返済期限があります。この返済期限までは、お金を返さなくてもよいのです。これを、「期限の利益」といいます。繰り上げ返済は、この「期限の利益」を、自ら放棄する行為なのです。

　したがって、お金があっても、住宅ローンや教育ローンを活用し、余った資金は不動産経営に活用するほうがお得なのです。「借金は悪だ」「お金ができたら、繰り上げ返済しよう」などというFP（Financial Planner）もいますが、実のところ、借入金は「お宝」でもあるのです。

　以前、私の知り合いで、この逆をやった方がいました。独身貴族で3000万円も貯めていたのですが、4000万円の住宅を購入。頭金として3000万円も出し、借入金は1000万円としました。借入金利は1％台。その後、不動産経営を開始し、高めの金利（2％台以上）で資金

調達していました。

　後から考えれば、住宅購入時には頭金は抑え、住宅ローンを活用し、資金は温存し、不動産経営に回したほうが、お得だったのです。

4）各金融機関の特徴を理解し、選定する

　先に触れたように、国・地方公共団体（市区町村）、政府系、都市銀行（都銀）、地方銀行（地銀）、外資系、生命保険会社、メーカー系、ノンバンク、カード会社、勤務先（社内融資）等、さまざまな機関を私は活用しています。

　もちろん、それぞれに特徴があります。それぞれ紹介しましょう。

●

①国・地方公共団体（市区町村）

　公的な存在である国や地方公共団体（市区町村）には、社会政策的な見地から教育ローンがあります。

　奨学金制度も、機能的には、教育ローンに近いものがあります。私自身も、大学生のころは、国・大学・各企業からの奨学金を活用させていただきました。

　国の奨学金は、日本育英会でした。私の場合は特別奨学生でしたから、金利が不要などころか、一部のみ返還すれば可でした。

　大学の奨学金は、ほとんどのものが返還不要でした。各企業の教育ローンも、返還不要のものでした。結果、大学は、支払った学費より、支給された返還不要の奨学金のほうが多くなったのです。お金をいただいて、勉強させてもらう形となりました。返還を要するものについては、サラリーマンになった後、安月給の中から、苦しいながらも返していきました。

奨学金の種類にもよりますが、家庭の収入状況（多過ぎては不可等）、学校の成績、面接等による選考があります。欧米などでは、奨学金や教育ローンがあっても、原則として、アルバイトなどで自分自身で資金調達するようですが、その点、日本は甘えている感じがします。

自分自身のみならず、子どもの教育ローン等についても、積極的に活用していくべきです。居住地の地方公共団体（区等）には、金利不要のものもあります。

②政府系金融機関

日本政策金融公庫は政府系ですので、社会政策的な見地も持ち合わせています。通常、属性が弱いとされている人にも門戸を開いています。むしろ、一般の人以上に、条件面で優遇しています。融資受けしやすいとともに、金利も低めです。例えば、女性（レディース）、若年者（ヤング）、高齢者（シニア）、新規ビジネス開業者等です。他の金融機関で融資受けを断られても、あきらめずにチャレンジしてみる価値はあります。日本政策金融公庫の融資をきっかけに、不動産経営を拡大していった人も多いです。

また、別件担保（購入物件とは別の物件を担保提供すること）も、共同担保（購入物件及び別物件を共同担保提供すること）として活用してくれやすいです。このことを利用して、最初だけ小ぶりの物件（区分所有ワンルームマンションや戸建てなど）を現金で購入し、次から、それを共同担保として融資受けする人もいます。特に、新規開業の場合では、開業資金として4800万円まで融資受けできる制度もあります（私の場合には、すでに不動産経営を行っていたので活用できませんでした）。

日本政策金融公庫では、リフォームローンや教育ローンも活用しやすいです。

リフォームローンでは、関連資料として「見積書」の段階で見てい

ただけますので、長期修繕（壁面塗装・天井塗装・配管水回り等）など、長くなる計画も含めて、複数案件分をまとめて融資受けすることも可能です。金利は低め（年2％程度）ですが、融資期間は短め（通常10年間等。長くても15年間程度）です。

　不動産経営用物件購入の場合に使おうとしても、融資期間が短いため、かなりの高利回り物件か、自己資金を多めに入れるかしないと、キャッシュフローが出にくくなります。

　しかし、リフォームローンや教育ローンなどには適しています。実際、私も、リフォームローンや教育ローンを利用しています。

　日本政策金融公庫の場合、通常は、固定金利です。「元利均等返済か、元本均等返済か」は選べます。

　なお、どこの金融機関でもそうですが、特に、日本政策金融公庫の場合、事業性資金として融資受けするわけですから、「不動産経営」「不動産賃貸業」として、住宅供給を行うという意識でいくべきです。間違っても、「不動産投資」「転売益狙い」といった考え方でいくべきではありません。言葉使いにも注意が必要です。

　不動産経営についても、法令や会計、税務などをきちんと勉強したうえで、不動産経営の実績を積んだほうが評価してもらいやすいです。

　私の場合も、所有している各種関連資格を評価していただきました。余談ですが、融資受け打診時には合格証書を要求されました［行政書士、宅地建物取引士、マンション管理士、管理業務主任者、甲種防火管理者、AFP（Affiliated Financial Planner）、FP技能士2級等］。おそらく、起案等に添付してくださったのではないかと思われます。

　原稿執筆時の今（2020年）は、例の悪徳金融機関S銀行事件が起こった後ということもあって、さすがの日本政策金融公庫も融資を絞ってきているようです。

③都市銀行

　都市銀行は、金融機関の中では、ステータスは高く、都市銀行と融資受けの取引があるというだけで、自分自身のステータスも上がります。金利も比較的低いです。

　ただし、都市銀行では、大企業目線が強く、一般個人や個人企業などは相手にされにくいです。

　また、通常、融資受けの審査時間もかかります。自己資金割合も、4割など、高めになりがちです。

　なお、預金残高が1000万円以上になると、通常、営業担当が付き、自宅や勤務先そばまで来ていただけます。各種資産運用や融資受けなどの相談にも応じていただけます。

④地方銀行（地銀）

　地方銀行は、原則、地域限定です。居住地や対象不動産物件所在地等が、対象エリアであることが条件となります。例外的に、支店等で、全国展開している地銀もあります。2018年に実質破綻したS銀行もそうでした。

⑤外資系

　外資系は、日系と異なるポリシーを持っている場合もあります。例えば、通常、日系はリコース（訴求型）ローンといって無限責任型です。つまり、物件売却価格がローン残高に満たない場合には、別途、返済しなければなりません。

　外資系の場合には、ノンリコース（不遡及型）ローンも多く、有限責任型です。つまり、最悪、物件を放棄すれば、残債は免れることができます。私の場合も、T京スター銀行でローンを組んだときは、このノンリコース型ローンでした。責任限定型なので、いざというときにリスク分散できるから安心です。

また、外資系は、効率化重視型が多く、古くから、預金通帳型ではなく、ネットバンキング・預金通帳なし型も多かったです。Ｓティバンクの場合には、紹介もなく飛び込みで借り換えや融資受けを頼みに行ったところ、融資受けしてもらうことができました。

　なお、実利主義で、融通が利きやすいのも特徴のようです。

⑥生命保険会社

　生命保険会社の場合には、長期資金調達や長期資金運用のスタンスが多いです。したがって、長期間固定金利で、資金調達しやすく、金利上昇リスクを低減させることが可能です。私も、昔、Ｄ一生命保険、Ｓ友生命保険などから、融資受けしたことがあります。

　一時、生命保険会社は、不動産経営用融資から撤退していましたが、昨今、融資を再開しているようです。

⑦メーカー系

　メーカーの関係会社系ノンバンクです。私も、Ｓ友不動産にて、自宅を「Ｓ築そっくりさん」でお世話になったとき、Ｔ芝ファイナンスで融資受けしました。一時的に、事実上、Ｔ芝系自体が経営破綻しましたので、「その後、どうなったか」は不明です。

⑧ノンバンク

　各種ノンバンクでローンを組むことも「あり」です。通常、金利は高めですが、融資スピードや金額、期間、金利など、物件についても、比較的、融通が利きます。築古木造物件でも、土地値で買うというポリシーを理解してくれます。

　ノンバンクには、銀行と違って、預金受入業務がありません。もっぱら、融資業務のみです。したがって、調達金利は高くなるため、融資金利も高くならざるを得ないのです。

その代わり、歩積み両建ての定期預金や定期積立預金を要求される
こともありません。その分（銀行の場合であれば、預金せざるを得な
い分）を運用することができます。資金を寝かせる必要がないのです。

　ノンバンクからの借入があると、信用棄損となると言う人もいます
が、ケースバイケースで有効活用できますので、そんなことはありま
せん。さすがに、サラ金や闇金は、信用棄損になりますが……。

⑨カード会社

　カード会社も、金利は高いですが、場合によっては、使える可能性
はあります。昨今では、カード会社にも低金利のプランがあります（Ｓ
銀行の4.5％ローン、7％の無担保自由ローンや裁判所の商事法定金
利6％のほうが高金利です）。

　カード会社でのローンは、突発的に資金需要がある場合（修理やリ
フォーム費用など）や、優良物件が割安価格で購入できる場合に便利
です。

　1990年のバブル崩壊後の大不況時には、不動産は誰にも見向きも
されなかったため、利回り20％以上の物件がゴロゴロしていました。
そういうときは不動産融資も付きません。

　しかし、金利7％のカードローンでも、20％で回れば、差し引き
13％のイールドギャップが取れるのです。これは、利回り14％の物
件を、金利1％で資金調達するのと同じイールドギャップです（金利
引き下げ余地を考えれば、前者のほうがより良いです）。

　利回りばかりを気にする人（「利回り星人」と呼ばれています）が
いますが、利回りは、あくまで選別の指標に過ぎません。

　その後の指標としては、イールドギャップ（"てこ"の原理：レバレッ
ジ）として、「運用利回り－調達金利」を見ます。さらには、資金繰
り（キャッシュフロー）として、「受取現預金－支払現預金」を見ます。

⑩勤務先融資（社内融資）

　昔は、勤務先融資（社内融資）というものもありました。一般的な調達金利が７％以上といった好景気の時代に、年利３％程度で、融資受けできるのです。

　一方、社内預金は、金利６％もらえました。しかも、勤め先が保証しているからか、物的担保(抵当権)も付保されません。裏面約款では、別途担保に供することは不可となっているようですが、事実上、別件の共同担保に活用してもわかりにくいようです。

　もっとも、昨今の低金利・ゼロ金利・マイナス金利の中にあっては、社内融資制度は、姿を消しました。

●

　以上、それぞれの機関の特徴を紹介しました。今後、金融情勢は変わるかもしれませんので、こういった制度があることを覚えておいてください。

５）複数案件同時進行というスキームを利用する

　融資受けに当たっては、各人ごとの全金融機関からのトータル融資枠といった考え方もあります。したがって、借入金額が多額になってくると、これがネックになってくる場合もあります。

　その際、複数案件を持って、複数の金融機関に当たるという手もあります（次ページ参照）。その中で、融資受けできた案件を採用するのです。まだ、借入実績ではありませんので、並行して、案件を持ち込めます（借入人の融資総額の制限に掛かりません）。

　私の場合も、過去、自宅（つつじヶ丘駅そば）、新宿駅そば、札幌駅そばと、３件、ほぼ同時進行で進めたこともありました。幸い、全

◆トータル融資のイメージ

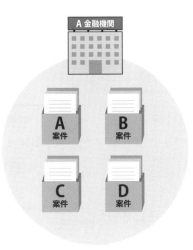

◆複数案件を複数金融機関へのイメージ

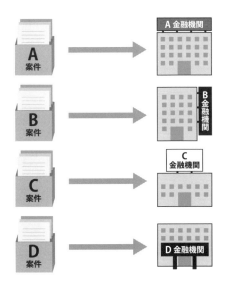

件融資受けが通りましたので、全件、購入しました。

　昨今では、金融機関によっては、「現在進行中の別案件はあります
か？」と聞いてくるところもあります。この質問を受けた場合には、
正直に答えたほうがよいです。この段階で嘘をついても、後で、毎年
の「確定申告書」の提出要求や、新規案件融資受け時の「確定申告書」
の提出要求時などでわかってしまうものです。

6）1金融機関・1物件・1法人というスキームは危ない

　一昔前、1金融機関・1物件・1法人スキームというのが流行りま
した。

　これは、金融機関ごとや物件ごとに別法人を作り、融資受けのとき
に他の法人を隠し、名寄せ（同じ名義で普通預金・定期預金・当座預
金、借入金など複数の口座を持っている場合、それらをひとつにまと
めること）をしにくくすることで、トータルの融資受け金額を少なく
見せようとするものです（借入人の融資総額の制限に掛かりません）。
別法人を作り、自分自身を代表者・役員等として登記していなければ、
わかりにくいものです（このときは、配偶者・家族等を代表者・役員
等として登記しておきます）。また、できるだけ自分自身を連帯保証人・
連帯債務者にもしません。

　しかし、この手法は、やり過ぎで目を付けられたため、今や難しく
なっています。不動産会社によっては、このスキームを主導してやっ
ていたところもあったようですが、それが破綻して、倒産に追い込ま
れたところもあります。

　そもそも、法人化には、手間暇や経費がかかります。節税しやすい
とか、融資受けしやすいとか、事業継続しやすいとか、不動産売買で
はなく会社譲渡にするとか、明確な目的を持って、判断するべきです。
特に、複数法人化については、リスク分散や複数法定相続人の事業承

継など、明確な考えを持って実施すべきです。

7）地方大規模一棟マンションの高金利・フル（オーバー）ローンは避ける

2012年末からのアベノミクスミニミニバブルに便乗して、S銀行スキームというものが流行りました。地方の大規模一棟マンションを高金利のフルローン・オーバーローンで購入するという仕組みです。

アベノミクス当初は、利回り10％以上といったものもあり、4.5％という高金利のフルローン・オーバーローンでも、キャッシュフローは何とか回っていました。

しかし、その後、景気は過熱し、家賃は上がらないのに物件価格だけが上がっていき、利回りは下がっていきました。当然、キャッシュフローは出にくくなっていきました。「いざとなれば、売ればいいや」と、多少無理をしてでも購入する人も出てきました。「出口戦略」という言葉が流行り始め、転売益（キャピタルゲイン）狙いの人も出始めました。

しかし、不動産経営には、リスクがつきものです。地方でも、新幹線停車駅、地方中核ブロック都市、政令指定都市、都道府県庁所在地、人口30万人以上の都市などならまだしも、僻地等では人がどんどん減っています。そもそも、人がいなくて、熊や狸が出没するようなところもあります。

また、大規模一棟マンションの場合、修繕費用（壁面・天井塗装・配管交換・エレベータ交換費用等）として、何千万円も必要になる場合もあります。規模が大きい分、リスクも大きく、リスク分散しにくい場合もあります。築古の場合は、特にそうです。

フルローン・オーバーローンの場合には、優良物件をかなりの割安価格で買っていないと、利回り・キャッシュフローが出にくいものです。何よりも金額が大きいので、ほとんどの場合、融資受けして買う

ことにならざるを得ません。

　ところで、2018年に端を発した、悪徳金融機関S銀行事件により、不動産融資禁止令が出ました。このことによって、S銀行が主導していた、地方大規模一棟マンションを高金利・フルローン・オーバーローンで買うというスキームは、崩壊しました。不動産融資禁止令が出た今、一棟マンションではなく、比較的小ぶりな一棟アパートや戸建て、区分所有マンション等へと、流れは変わりつつあるようです。

8）融資審査期間の迅速さ、融資条件を総合的に判断する

　融資受けに当たっては、とかく、金利のみを気にしがちです。しかし、そればかりを重要視するのではなく、融資審査期間の迅速さ、融資条件［固定金利・変動金利、元利均等返済・元金均等返済、融資金額、融資期間、金利、歩積み両建て定期預金・定期積立金、連帯保証・連帯債務、別件共同担保、団体信用生命保険（団信）の有無など］を、総合的に判断することが必要です。

①融資審査期間の迅速さ

　あらかじめ、各種金融機関に、大体の融資審査期間を聞いておきます。そのうえで、比較検討します。

　不動産融資禁止令が出たとは言え、何故か、いまだに売手市場が続いています。国も破綻し、紙幣や国債を乱発しています（貨幣価値下落・インフレのリスクを想定しているのかもしれません）。年金も破綻しています。勤め先も頼りにならず、資産運用としては、不動産しかないのでしょう。

　ですから、優良物件を割安価格で購入するためには、「融資審査期間が短いこと」が必須条件となります。ここで時間を取られてしまえば、狙っていた物件をライバルに奪われかねません。

余談ですが、例の悪徳金融機関のアドバンテージは、比較的、融資審査期間が短いところにありました（各種書類偽造や不正融資をやっていたからかもしれませんが……）。

②固定金利・変動金利

固定金利は、金利自体は高めですが、一定ですので金利上昇リスクはありません。逆に、変動金利は、金利自体は低めですが、金利上昇リスクがあります。

一般的に言って、好景気で資金需要が高く、金利が高い場合には変動金利にして、その後の金利低下メリットを享受したほうがよいと言われています。

逆に、不景気で、資金需要が低く、金利が低い場合には固定金利にして、その後の金利上昇リスクを避けたほうがよいと言われています。

今後の日本は、財政破綻を経験し、紙幣・国債を乱発した結果、インフレを招く可能性が高くなると思われますので、固定金利のほうがよいと思います。

住宅ローンの場合、通常は固定金利のほうが多いですが、不動産経営用ローンは、昨今では、変動金利のほうが多いです。

機会があれば、できるだけ、固定金利にするか、もしくは、変動金利であっても一定期間固定タイプのもの（注：できるだけ長い期間、固定にしておく）を選んだほうが無難かと思います。

③元利均等返済・元金均等返済

支払ローンには、金利分と元本返済分があります。

毎月の支払ローンが一定のパターンは「元利均等返済」と呼ばれるものです。ローンの支払いが進んでいけば、支払金利は減っていきます。その分、元本返済分が増えていき、支払金利分は減っていきます。トータルの支払金利は増えますが、例月の支払額が一定なので、資金

繰り計画が立てやすいです。

　一方、元金均等返済は、元金返済分を一定にし、それに支払金利を上乗せします。トータルの支払金利は減りますが、当初の支払ローン合計が高く、資金繰り計画は立てにくいです。

　ローン返済が滞れば事業自体が終わりですので、私としては、資金繰り・キャッシュフロー重視で、元利均等返済でいくべきと考えます。

④融資金額

　先に、借入金活用のメリットについて述べました。逆の言い方をすれば、手元には、現金を置いておくほうがよいのです。不動産経営には、リスクもありますので、いざというときのために備えておくのです。

　金融機関というところは、面白いもので、お金を持っていない人には貸したがらず、お金を持っている人に貸したがる傾向があります。

　したがって、融資受けできる金額の総額、借入金比率（逆に言えば、自己資金の比率）も、重要になってくるのです。

　通常の都市銀行のように、いくら金利が低いと言っても、融資比率が６割（自己資金比率４割）では、お金を貯めるのも大変です。そもそも、資金効率が悪過ぎです。

　私としては、なるべく多めに借り入れ、自己資金は少なめにし、現預金は温存しておくことをお勧めします。

⑤融資期間

　金利だけではなく、借入期間も重要です。不動産経営の中で最も重要なことでもある資金繰りやキャッシュフローに、融資期間が関わってくるからです。

　キャッシュフローは、「受取現預金−支払現預金＝手残り現預金」で表されます。最も大切な指標です。

　融資期間が短いと、支払金利総額は減りますが、例月の支払ローン

が多めになりますから、資金繰りは大変になります。また、キャッシュフローは圧迫されます。

逆に、融資期間が長いと、支払金利総額は増えますが、例月の支払ローンが少なめになりますから、資金繰りは楽になります。また、キャッシュフローに余裕が生まれます。

私としては、なるべく長めに借入れ、資金繰り・キャッシュフローに余裕を持たせておくことをお勧めします。

⑥金利

金利は、低いに越したことはありません。「運用利回り－調達金利＝イールドギャップ」です。

このイールドギャップは、梃子の原理（レバレッジ）を意味します。利回りばかり気にする人もいますが、このイールドギャップも大切な指標になることを覚えておいてください。

⑦歩積み両建て定期預金・定期積立金

金融庁は、禁止していますが、実際には、この歩積み両建て定期預金・定期積立金制度は行われています。金融機関にとっては、ほとんど無金利で資金調達し、高利で運用できるので、有利となります。

歩積み両建て定期預金・定期積立金を考慮すれば、実質借入金額は減り、また、実質借入金利は高くなります。そして、金融機関にとっては、念のための担保にもなりうるのです。

借主としては、念のための積立金ともなりますが、資金はゼロ金利のままで、文字通り、「死産」となり、固定化されてしまいます。

立場の強い金融機関からの要望なので、事実上、断れませんし、その後、余程のことでもないと、下ろすこともできませんので、できれば断るか、金額を押さえたいところです。

ちなみに、ノンバンクであれば、預金業務はありませんので、この

歩積み両建て定期預金・定期積立金を積む必要はありません。

⑧連帯保証・連帯債務

　昨今、この連帯保証・連帯債務制度は、人道的にも過酷だということで、社会的に批判されています。法制度を緩和させたり、自粛する動きも出ていますが、まだまだはびこっています。できれば、断りたいところです。

　ちなみに、この連帯保証・連帯債務は、夫婦間で離婚したとしても、継続となります。

⑨別件共同担保

　この別件共同担保、当該購入物件の担保力が弱い場合や、自己資金割合が低い場合、フルローン・オーバーローンのときに要求されることが多いです。できれば、断りたいところです。

　どうしても欲しい場合には仕方ありませんが、その後、支払い実績ができ（半年、1年間等）、借入残高が減った場合など、機会を捉えて、共同担保を外してもらう努力はしておくべきです。

　将来の、別件共同担保に付す場合や、やむを得ず売却せざるを得ない場合、相続のときなどには不便となるからです。

　一部繰上げ返済したり、他の金融機関に借り換えたりし、共同担保を外すやり方もあります。

⑩団体信用生命保険（団信）の有無

　団信は、死亡・高度障害時に残債がなくなるので、できれば付保しておきたいものです。

　ただし、融資金額の枠（1億円・3億円・5億円等）や、年齢制限（完済年齢80歳）の枠が引っかかってきた場合には、あえてパッケージ型ローンではなく、事業用プロパーローンにして、融資金額が多く

ても、また、年齢が高齢でも、多額・長期間の融資を組むやり方もあ
ります。

　団信なしで心配な場合には、他の団信ありと組み合わせたり、キャッ
シュフローを厚くしておいたり、他の一般の生命保険を組み合わせた
りなどの対策も考えられます。

～第2節～
金融機関とうまく付き合うコツ①
～金融機関からの融資の引き方編～

1）なるべく複数対複数で接する

　金融機関との付き合いにおいては、一担当者とのみではなく、極力、複数の方と接するようにしましょう。例えば、営業担当者と融資担当者、担当者とその上司などです。

　悪徳金融機関等の場合、一担当者とのみ接していると、一担当者限りで、書類偽造等、何をやられてもわかりません。仮に、組織ぐるみでやっていたとしても、一担当者のみが独断でやったこととして、「トカゲの尻尾切り」をやられてしまいます。

　私も、悪徳金融機関S銀行にやられました。金銭消費貸借契約締結時、損害保険会社や司法書士事務所の人も同席していましたが、金融機関お抱えの損害保険会社や司法書士事務所の人であったため、当方の証人としては期待できず、その後、ドタキャンされても、泣き寝入りせざるを得なくなってしまったのです。私の事例からもわかるように、できるだけ複数対複数で接し、リスクを減らしておくことが必要です。ひとり対ひとりよりは、証人が多くなります。

　そもそも、一担当者では、権限も弱く、融通も利きにくいです。何かと折に付け、上司である部長や役員の方々とも接しておくと決裁も

早いですし、融通も利きやすくなります。

２）融資承認、金銭消費貸借契約を妄信しない

金融機関と言えば、「堅い職業で、信用できるところ」と思っている人も多いかもしれませんが、そうとばかりは言えません。昨今、悪徳金融機関が跋扈しています。

通常は、融資が承認となり、「金銭消費貸借契約」を締結すれば一安心で、あとは、融資受け・決裁・所有権移転を待つだけと思います。当然、何の疑問も持たず、「売買契約書」における白紙解約期限も過ぎてしまうものです。

ところが、融資が承認され、「金銭消費貸借契約」を締結し、「売買契約書」における白紙解約期限を過ぎているにもかかわらず、特段の理由もなく、融資をドタキャンする、悪徳金融機関もあります。

融資が承認され、「金銭消費貸借契約」を締結しても、実際に融資実行となるまでは、油断してはいけません。これは、鉄則です。

３）「売買契約書」上の白紙解約期限までに、融資実行してもらう

先述したように、融資が承認され、「金銭消費貸借契約」を締結し、「売買契約書」における白紙解約期限を過ぎてから、特段の理由もなく、融資をドタキャンする悪徳金融機関が存在します。

貧乏くじを引かないようにするためにも、「売買契約書」における白紙解約期限は、なるべく遅めに設定しておき、その白紙解約期限までに融資実行させることです。

４）融資時期、融資金額、期間、金利、連帯保証・連帯債務、別件共同担保等は、変更となる場合もあるので、ある程度、柔軟に対応する

　金融機関との間で、融資の交渉をし、融資承認を得ていたとしても、いざ、「金銭消費貸借契約」を締結する段階になって、突然、条件が変更になることもよくあります。

　融資時期が遅くなったり、融資金額が減額されたり、期間が短くなったり、金利が高めになったり、連帯保証人・連帯債務者を要求されたり、別件共同担保を要求されたりといった具合です。

　大勢に影響のない範囲内ならよいですが、融資時期については、売主との関係もあります。

　また、融資金額や期間、金利については、資金繰りやキャッシュフローに影響してきます。

　連帯保証・連帯債務、別件共同担保については、条件が異なってきます。

　いざ、「金銭消費貸借契約」を締結する段階になって、突然、さりげなく言ってくる金融機関もあります。金融機関としては、断りにくいことも想定しているのでしょう。

　大勢に影響のない範囲内であれば続行しますが、決済時期など、売主との関係や、資金繰り、キャッシュフローに大きく影響を与える場合には、考え直すことも必要です。

良好な関係

5）定期預金、定期積立、カード等、担当者の希望には、なるべく協力する

　金融庁は、歩積み両建て（金融機関が融資する代わりに、定期預金や定期積立等を要求すること。返済不能の場合の担保となる。また、実質ゼロ金利で預かり、高金利で貸し出すことにより、金融機関は儲かる。金融庁は禁止しているが、実務上は行われている）のように、融資の見返りとして定期預金や定期積立等を要求することは禁止しています。

　融資するときは高金利なのに、預金のときは、ほとんどゼロ金利です。金融機関にしてみれば、実質融資額を減らし、さらに高利で貸したことと同じとなります。

　しかし、そうは言っても、融資受けできなければ、話は進みません。

　不動産経営においては、修理、家賃滞納、空室（敷金返却、リフォーム、空室・フリーレント時家賃なし、広告費、家賃下落）等のリスクもありますので、手元には、余裕資金を置いておく必要があります。

　そういう意味で、割り切って、定期預金や定期積立をするという考え方もあります。

　他にも、プラチナカードのお勧めなどもあります。年会費として５万円程度掛かります。見栄張り程度の意味しかなく、あまりメリットはありません。

　Ｓ銀行の場合には、カード利用に応じて、一定割合をローン返済に充当するというサービスがありましたが、年会費をペイさせるためには、月間20万円程度もカード利用しなければなりません。

　カードについては、ゴールドカードであれば、年会費１万円未満程度です。海外旅行損害保険が付いています。年１回程度海外旅行に行くのであれば、ペイできます。空港での休憩ラウンジサービスも利用できます。

私は、定期預金や定期積立は受けました。しかし、プラチナカードのほうは、丁重にお断りさせていただきました。それでも、融資受けは可能でした。

6）原則、スーツ・カジュアル等で接し、派手になり過ぎず、だらしなくなり過ぎないようにする。派手過ぎるのも駄目

良好な関係

　サラリーマン、特に、金融機関の人たちは、自分と同類を好みます。変わった人たちを嫌う傾向にあります。

　服装に関しては、スーツ・カジュアルが無難です（昨今では、カジュアル・フライデーを通り越して、通年、ノーネクタイ・カジュアルが常態化しつつあります）。担当者と会うときは、スーツはともかく、少なくともカジュアルな服装で出向いたほうがよいでしょう。ジーパン・半ズボン・サンダル等、砕け過ぎた格好は、どうかなと思います。

　以前、ある不動産会社で、役員の方が半ズボンでお迎えしてくださったときには、ある意味、斬新だなと、びっくりしたものですが……。

　また、「アルマーニ」のような高価過ぎるスーツや、100万円以上もする金時計、派手すぎる格好は、無駄遣いしているように思われたり、妬まれたりなど、良いことはないと思います。

7）「不動産経営」や「不動産賃貸業」という言い方をするように徹底する。「不動産投資」という言い方はしない

良好な関係

　金融機関は、事業資金として融資します。不動産であれば、家賃収

入を目的とした、「不動産賃貸業」「不動産経営」という考え方です。

　間違っても、転売・値上がり益狙いの「不動産投資」という言い方はしないでください。心証を悪くします。転売・値上がり益狙いには、博打に近いイメージがあるからです。

　そもそも、金融機関は、安定的な金利収入を目的としています。それを、すぐに転売されてしまっては、金利収入がなくなってしまうことになります。担当者の汚点にもなります。

　普段から、「不動産投資」という言い方はしないようにしていないと、つい、口癖で出てしまうものです。

　常日頃から、「不動産賃貸業」や「不動産経営」という言い方をしておくべきだと思います。

良好な関係

8）不動産関連資格（行政書士・宅地建物取引士等）、不動産経営歴等はアピールして、きちんと不動産経営を行っている旨を強調する

　不動産経営では、法令や会計、税務等、幅広いスキルを要します。金融機関は、"そのあたり"のことを見ています。きちんとした気持ちで、しっかりと勉強したうえで、「不動産賃貸業」「不動産経営」をしてほしいと考えています。実際、法令や会計、税務、不動産関連資格等を取得したうえで、不動産経営の実績を積んでいるならば、金融機関はそれなりに評価してくれるものです。

　私は、行政書士や宅地建物取引士、甲種防火管理者、マンション管理士、管理業務主任者、AFP（Affiliated Financial Planner）、FP技能士2級等、不動産関連資格を所有しています。先述したように、あるとき、それらの合格証書を要求されました。おそらく、起案に添付して、融資受けできるようにしてくださったのだと思われます。

良好な関係

9）配偶者や子ども、親など、家族の資産・収入、連帯保証等は、有利に働く場合もあるので、アピールする

　個人属性において、収入や資産等に関しては、本人だけでなく、配偶者や子、親等家族全体で見てくれる場合もありますから、配偶者や子ども、親など、家族全体の収入や資産も伝えるとよいです。

　支障さえなければ、連帯保証や連帯債務を付すことで融資を受けやすくなったり、融資金額割合や契約期間、金利等で有利になる場合もあります。

　不動産経営においては、とかく、物件がいつまで持つか、何年間の融資受けができるか、耐用年数は何年間かなど、物件の耐用年数を気にするものです。

　新築の鉄骨鉄筋コンクリート造り（SRC）だと、物件の耐用年数は47年間ですから、余裕で融資期間30年を引っ張れます（別途、個人の年齢制限として、原則、完済年齢が80歳）。なお、融資期間は、原則、最長でも「耐用年数－経過年数」となります。

①自分の耐用年数

　しかし、年を取ってくると、物件の耐用年数もさることながら、自分自身の耐用年数（平均寿命である80年）も引っかかってきます。具体的には、「80歳－年齢」が、通常、融資期間となります。

　私の場合で言えば、今は61歳ですから、新築物件だとしても、融資期間は最長で19年間となってしまうのです。

②若い配偶者名義や若い子ども名義で借りる

　ただ、私の場合、妻が9歳年下なので、金融機関は、妻のほうにアプローチしていました。52歳だと、28年間、融資を引っ張れるのです。

必要とあらば、私が連帯保証人・連帯債務者となればいいのです。

　もっと言えば、子ども名義で借り入れ、親が連帯保証人や連帯債務者となる場合もあります。

③事業用プロパーローン

　通常のパッケージ型ローンの場合には、団体信用生命保険（団信）が付いています。審査期間は短いものの、借入金額の枠や年齢制限があります。具体的に言うと、借入金額の枠としては、1億円の壁、3億円の壁、5億円の壁があります。また、完済年齢が原則80歳までとなっています。

　その点、事業用プロパーローンの場合、借入金額の枠という発想は、原則ありません。

　また、年齢の壁もありません。その代わり、団体信用生命保険（団信）は、原則ありません。審査期間は長めとなります。

　どうしても団信を付けようとすれば、完済年齢が80歳までですから、（事業用プロパーローンに比べ）融資期間は短くなります。また、別途、団信費用分、借入金利は高くなります。

　心配ならば、かなり多めのキャッシュフローを確保して、遺族が困らないようにしておきます。それでも心配なら、団信ありと団信なしを組み合わせます。民間の生命保険等でカバーもできます。

　なお、団信を付けずに借入金を残すことで、自己資金を圧縮すると、相続税が節税できます。

～第3節～

金融機関とうまく付き合うコツ②
～普段の金融機関との接し方編～

1）口座ごとの資金繰り管理をきちんとし、引き落とし不能に気をつける

　昨今、会計ソフトが流行っています。しかし、できることなら、ある程度までは自分自身で勉強したうえで、Microsoft Excel などの表計算ソフト等を使って、集計・計算式を組み込み、財務諸表を自動作成させるくらいのことはしたほうがいいと思います。

　なまじ、会計ソフトを使えば、簿記の原則である仕訳がわからなくても、入力エリアに数値を入力すれば、勝手に財務諸表ができてしまいます。お手軽ですが、それでは、出来上がった財務諸表の見方もわからないものです。

　その点、自分自身で計算式も組んで、財務諸表を作成してみれば、その仕組みも理解できます。「どこを改善すれば、財務諸表を良くすることができるか」も、わかってきます。

　サラリーマンなら財務諸表の見方などわからなくても通用するのでしょうが、不動産経営は、文字通り経営です。あなたは経営者なのです。財務諸表くらいは理解できるようにしておいたほうがよいと思います。

コラム；財務諸表の見方

①資金繰り表：CF（Cash Flow）

　資金繰り表（CF）は「受取現預金 − 支払現預金 ＝ 手残り現預金」で表されます。実際の現預金の流れを表します。不動産経営において、最も重要なものです。

　計算上で利益が出ていたとしても、お金がショートすれば、即終わりです。「黒字倒産」という言葉もあります。

　家賃等の受取現預金から各種諸経費を支払い、ローンを支払って、手残りがいくらあるかです。小遣帖の延長のようなものです。

②損益計算書：PL（Profit & Loss statement）

　損益計算書（PL）は「売上 − 経費 ＝ 利益」で表されます。一定期間の損益状況を表します。確定申告等の税務申告も同じ発想です。資金繰り表とは違います。

　不動産については、土地・建物代とも、購入時に支払いが終わっていますが、建物が古くなる分、耐用年数に応じて、評価額を下げようという発想があります。これが、「減価償却費」です。実際には、追加の支払いは発生しないものの経費にできるのが「減価償却費」です。

　あとは、不動産経営をやっていようがいまいが、掛かる日常家事関連費を不動産経営に絡めて経費にすれば、効果は高いです。

　逆に、支払いは発生しますが、経費にできないのは、支払

ローンのうちの元本返済分です。これは、「経費」ではなく、「負債」の減少となります。また、所得税や住民税の支払いも経費にはできません。

　「減価償却費」については、耐用年数が過ぎ、減価償却が終了すれば、なくなりますし、支払ローンについては、元利均等返済の場合、借入金が減っていく分、支払金利は減っていき、逆に元本返済分は増えていきます。

　したがって、節税メリットは、どんどん減っていく傾向にあります。

③貸借対照表：BS（Balance Sheet）

　貸借対照表（BS）は、「資産＝負債＋自己資本（資産－負債＝自己資本）」で表されます。ある一定時点における財務内容を表します。どういう資金調達（負債・自己資本）で、資金運用（資産）をしているかを示します。

　資産から負債を差し引いた残りの自己資本が多いほど健全です。資産より負債が多いと、債務超過で危ない状態です。

協　力

2）毎年の情報（確定申告書や源泉徴収票など）の提供・面談要求があった場合には、迅速に対応する

　金融機関から融資受けするときには、個人属性情報として、源泉徴収票や確定申告書、固定資産税・都市計画税領収証などを提出することになります。

　なお、「固定資産税・都市計画税領収証」については、発行してくれる地方自治体と、発行してくれない地方自治体があります。発行してくれない場合には、「請求書」を用意し、支払確証として、自動引落・振込がわかる預貯金通帳や振込確証などで代用します。

　金融機関によっては、毎年、源泉徴収票や確定申告書、固定資産税・都市計画税領収証などを提出させるところもあります（Ｔ京スター銀行、Ｍ井トラストローン＆ファイナンスなど）。

　ここで大事なのは、いつでも必要書類を出せるように準備しておくことです。対応が早ければ、それだけ心証も良くなります。

　ところで、金融機関は、何故、固定資産税や都市計画税等の納税状況を気にするのでしょうか？　それは、国・地方公共団体は、民間企業にはない、特別の権限を持っているからです。

　通常、抵当権等は、権限として１番抵当権者が最優先で弁済を受けられます。ところが、国・地方公共団体の税金は、抵当権を付保していなくても、それに優先して弁済を受けることができるのです。だから、金融機関は、税金の滞納を気にしているのです。

　ちなみに、税金の滞納をすれば、金融機関からの融資受けが不可能になりますし、サラ金並み以上の高金利の過怠税・延滞税等も追加で支払わされます。

対等関係
（パートナーシップ）

3）返済実績（半年〜1年間等）を積んだら、金利引き下げ交渉をする

　きちんと返済実績を積んだら、信用力が増しますので、金利の引き下げ交渉をしてみましょう。

　金融機関としては、通常、1年間くらいは様子を見たいようですが、半年くらいで打診してみる価値はあります。

　先方も、他の金融機関へと逃げられる可能性も危惧して、むげには断りにくいかと思います。同じ金融機関で金利を引き下げられれば、電話1本で済むのですから、手間暇も、経費もかからず、メリットは大きいです。

　私も、半年くらいの返済実績ができたころから打診し始め、金利引き下げに成功したことがあります。

対等関係
（パートナーシップ）

4）場合によっては、他行からの借り換えや新規案件も材料にして、金利引き下げ交渉をする

　金利引き下げのときには、他の金融機関からの借り換えや、新規案件の融資受けも抱き合わせて交渉できれば、低金利の有利な条件を引き出すことも可能です。

　その代わり、前の金融機関からの融資受けは難しくなると思われますので、そこは個人個人の判断が必要です。

　私の場合、固定金利であるにもかかわらず、先方から、金利引き下げの打診がありました。このとき、一歩進んで、他の金融機関からの借り換えや、新規案件の融資受けも抱き合わせて交渉したところ、さ

らなる低金利の条件を引き出すことができました。

　なお、他の金融機関から借り換える場合、諸経費が掛かりますので、費用対効果を試算してください。

　諸経費のうち、旧借入金関連としては、短期解約違約金や抵当権抹消費用、司法書士手数料等があります。新借入金関連としては、抵当権設定付き金銭消費貸借契約書収入印紙代や融資手数料、抵当権設定費用、司法書士手数料等があります。大抵、新しい金融機関のほうで試算してくれます。超概算ではありますが、目安としてよく言われているのは、借入残高100万円以上、残存借入期間10年間以上、低減金利1％以上です。

　詳細は、新しい金融機関で、シミュレーションしてくれます。

5）共同担保があると、売却・相続時等において不便なので、なるべく、解消させておく

　収入・資産面などの個人属性がいまいちな場合や、自己資金が少ないなどの理由で、フルローン・オーバーローンを利用するときには、共同担保を要求される場合があります。

　共同担保があると、担保余力がなくなり、他案件の別件担保に供しにくくなります。やむを得ず売却せざるを得ない場合でも、売却しにくくなります。また、相続時でも、分割に支障をきたします。

　確かに、優良物件で、かつ、割安価格で、どうしても購入したい場合には、共同担保を活用する手もあります。でも、ある程度の返済実績ができ、残存借入金が減った段階で、共同担保を解除してもらうべく、交渉してみるべきです。

　その際、一部を繰り上げ返済し、借入残高を減らすことを要求され

る場合もあります。もしくは、他の金融機関への借り換えを合わせ技として、共同担保を解除する手もあります。ケースバイケースで判断しましょう。

　要は、余程、優良物件を割安価格で購入できるなど、特殊な場合を除いて、共同担保はなるべく活用しないことです。

　やむを得ず共同担保を活用した場合には、なるべく早めに、共同担保を解消する努力をすることも重要です。

6）金利引き下げ交渉、借入総額枠等に鑑み、今後の発展が望めない場合には、費用対効果も考慮しつつ、他行への借り換えも検討する

　先述したように、同じ金融機関内で金利を引き下げてもらう方法を採ると、手間暇も経費も掛かりません。

　しかし、金利の引き下げがかなわない場合もあります。当該金融機関からの金利引き下げも難しく、追加融資受けも難しいならば、もはや、今後のことは期待薄です。

　この場合は、他の金融機関への借り換えも検討してみるべきです。その代わり、当該金融機関（前の金融機関）との関係はこれまで、となるでしょう。

7）担当者・上司変更のご挨拶等には、適時・適切に対応する

　金融機関では、癒着・不正防止の観点もあってか、３年間ごとなど、

担当者変更も多いです。そのときは、その都度、ご挨拶をしておくとよいです。

　担当者・上司によっては、融資方針が異なることもありますので、適時・適切に、引き継ぎをしておいていただくことも重要です。

8）優良候補物件が見つかった場合等には、適時、情報提供し、感触を情報交換する

　優良物件が割安価格で出た場合には、早めに情報交換します。金融機関にとっても、評価の高い優良物件が割安価格と判断された場合には、積極的に、迅速に動いてくれます。

　逆に、いまいちな場合には難色を示されます。その意味でも、早めに情報交換したほうが、お互いに効率的なのです。

9）たまには、おやつなどを持参して、訪問する

　私のようなサラリーマンの場合、日中は時間が取りにくいので、自宅や勤務先のそばまで、金融機関の方に来てもらうことも多いです。

　しかし、金銭消費貸借契約締結等、重要なときには金融機関に赴くこともあります。

　そういうときには、おやつ等、挨拶代わりにさりげなく持っていくと喜ばれるものです。私の顔も覚えてもらいやすくなります。

10） 新規融資受け時等、タイムリーに情報提供できるように、決算書は、常時更新しておく

協　力

　先述したように、なるべく、決算書（「貸借対照表」・「損益計算書」・「資金繰り表」等）は、Microsoft Excel 等の表計算ソフトで、日々、タイムリーに入力して把握できるようにしておきます。

　まずは、自分自身で、すぐに状況を把握できるようにしておくと、今後の戦術を立てやすくなります。

　もっと言えば、物件を選定する前に、それとなく、自分の個人属性関連情報（「源泉徴収票」や「確定申告書」など）を、金融機関に提供し、「融資を受けられるのか。受けられるとしたら融資総額枠はいくらくらいなのか」などを聞き出すことです。また、できれば、融資受けできる対象物件の特徴を聞き出すことです。

　そういうことをしないで、やみくもに物件を探しても、お互い、時間の無駄になります。

　例えば、融資受けしやすい対象物件は、通常、原則として、埋立地でなく標高の高いエリア、地震や津波、水害等のリスクの低いエリア、人口 30 万人以上のエリア、新耐震基準（1981 年 6 月以降、建築申請）を満たした物件、入居率 3 分の 2 以上などです。

　以上のように、あらかじめ、個人属性や物件属性情報を聞き出したうえで、自分自身の好みとマッチングさせ、絞り込んだうえで物件を探します。この動き方にすれば、効率的に物件を探すことができます。

　なお、金融機関によっては、具体的な物件がないと、審査できないところもあります。その場合には、ダミーとまではいかないまでも、関心を持った物件を提示して審査してもらえば、ある程度、個人属性や物件属性のことも把握できます。

　「まずは物件を選定し、その後で、金融機関を探し、融資受け手続

きに入りましょう」とよく言われますが、まだまだ、売手市場である昨今、そんなやり方だと、優良物件を割安価格で買うことはできないでしょう。優良物件は、すぐに、よそに流れてしまいます。

11) 新規融資受け時、タイムリーに情報・資料提供できるようにしておく

協　力

　そのときそのときで状況を把握できるようにしておけば、決算書（貸借対照表や損益計算書、資金繰り表など）も、タイムリーに作成できます。つまり、不動産会社や金融機関、税務署など、必要とあらば、すぐに情報を提供できます。

　特に、優良物件を割安価格で購入できそうなときには、スピードが命です。そのとき、決算書をすぐに不動産会社や金融機関に提出できれば、個人属性審査が即可能となります。要するに、他の人よりも一歩リードできるのです。

　なお、個人属性関連情報としてまず挙げられるのは、確定申告書や源泉徴収票です。加えて、最新の決算書があると、便利です。

　その後、賃貸借契約書や家賃明細書、ローン返済表、固定資産税・都市計画税請求書、領収書、預貯金通帳なども要求されます。

~第4節~
金融機関とうまく付き合うコツ③
～ローン返済終了編～

1）ローン返済終了時には、金融機関から抵当権抹消関連書類を入手する

　ローン完済時には、すぐに抵当権抹消をしておかないと、時の経過とともに、手間や時間がかかり、大変なこと（共同担保に付しにくくなったり、売却もできないなど）になりかねません。

　ローン返済終了時には、通常、金融機関から抵当権抹消関連資料が送付されてきます。資料を受け取ることができるように、住所変更手続き等は、事前にきちんと終えておきます。

　資料を受け取ることができないと、例年のローン返済表や確定申告書、固定資産税や都市計画税請求書、領収書等の送付依頼書も届きません。

　金融機関によっては、これらの郵便物が住所変更等によって届かなくて差し戻しになった場合、銀行カード等が使用停止になる場合もあります。注意が必要です。

　なお、金融機関は、新規融資や抵当権設定時には、お抱えの司法書士を使いたがります。不動産会社お抱えの司法書士は嫌がります。

　妻の弟が近所で司法書士をやっているなど、私にも知り合いの司法書士は多いので、できれば自分で手配したいのですが、普通は「金融機関お抱えの司法書士を使いたい」と頼まれます。それは、そのほう

が安心だし、早いからでしょう。

逆に、抵当権抹消のときには、金融機関には何のメリットもないので、通常、借主のほうで勝手にやってくれというスタンスになります。

2）自分の住所が変更となっている場合には、住所変更の連続性がわかる書類を用意しておく

不動産購入時や抵当権設定時の住所から移転していた場合には、その後、追加融資受け時の別件抵当権設定時や売却時の抵当権を抹消するとき、現在の住所に変更してからでないと、必要な登記ができません。

特に、数十年前から、何度も住所変更している場合には、住所変更の履歴がわかるようにしておかないと、司法書士側の確認の手間や時間がかかります。

なお、これらの関連書類は、その他の案件でも使用することもありますので、適切に保管しておくべきことは言うまでもありません。

3）関連書類には有効期限があるので、迅速に処理しておく（有効期限が過ぎると、手続きが大変になり、時間がかかる）

先述したように、ローン完済時には、すぐに抵当権抹消をしておかないと大変なことになりかねません。ローン返済終了時、金融機関から抵当権抹消関連資料が送付されてきたら、すぐに、抵当権抹消をしましょう。

この作業を完了しておかないと、金融機関に変更事項（合併や行名

変更、本店所在地変更、代表者変更など）があると、再度、必要書類の取り寄せが必要になったりします。とにかく大変です。

　不景気のあおりを受け、何度も合併を繰り返している金融機関の場合、数十年も前のことなどは、わけがわからなくなっている可能性も高いです。抵当権は早めに抹消しておくことです。

4）抵当権は迅速に抹消しておくと、追加融資受けや売却がすぐにできる

　抵当権を抹消しておけば、金融機関にとっても担保余力がわかりやすく、別件追加担保も設定しやくなります。

　また、やむを得ず、売却せざるを得なくなったとしても、売りやすいです。何事も、覚えているうちに、素早くやっておくことです。

5）ローン返済終了とともに、損害保険契約も終了となる。更新漏れとなりやすいので、要注意

　金融機関は、融資実行時には、融資期間（25年間等）をカバーする損害保険を付保させるものです［昨今では、損害保険会社もリスク低減を考慮し、保険期間を10年ごと（地震保険は5年ごと）など、短めに設定することが多くなってきています］。

　ところで、返済が終了すると、同時に損害保険が終了する場合も多いです。通常は、損害保険会社や代理店、不動産管理会社などから、「損害保険契約更新のご案内」が来ますが、絶対ではありません。案内が

来ない場合もあります。

　不景気で、損害保険会社も合併を繰り返している昨今、古い契約に関しては、わけがわからなくなっている場合も多いのです。

　したがって、ローン返済終了時には、抵当権抹消手続きもさることながら、損害保険契約の更新も忘れないようにしておくべきです。

参考：トラブル事例紹介

■ 融資承認、金銭消費貸借契約書締結後の融資ドタキャン。
違約金・仲介手数料等で、損失 6000 万円

　以前、名古屋駅そばにて、土地から購入して建物を新築したことがあります。そのときに紹介された金融機関がS銀行でした。

　その後、しばらくして、S銀行の担当者から、「融資するから不動産を購入しませんか？」というセールスの電話がありました。資金効率を良くして、手元には現預金を置いておきたかったので、「自己資金なしでキャッシュフローが出るのであれば、検討してもよい」と打診したところ、「大丈夫です！」との返答をいただきました。

　そこで、名古屋駅そば一棟中古アパート、永福町駅そば一棟中古アパート、京都駅そば一棟中古マンションと、次々、購入していきました。S銀行からは、「あと3億円程度は融資可能」という内諾を得ていました。

　その後、K美家のサイトで知ったY社の仲介で、小樽駅そば中古2世帯用戸建て（420万円）を購入することとなりました。S銀行は、最初、「小口のローンは難しいので、高金利の無担保自由ローンで行きましょう」と言ってきましたが、後日、「（別件の後述する札幌駅そば物件が評価が高いので）そのオーバーローン融資に含めちゃいましょう」と言ってきました。結局、小口でのローンは面倒なので、キャッシュで購入することとしました。

　小樽駅そば物件を仲介してくれたY社からの情報で、札幌駅そば一棟中古マンション（約600坪。2億円）の情報が入っていたのです。私のほうでは値引き交渉をして、「1億8400万円程度にはなりそう」との打診を受けていました。

すぐさまS銀行に電話するとともに、マイソクを電子メールで添付送信しました。

S銀行からは、「実質評価額が2億3000万円は出るので、2億円でも買ったほうがいい。諸経費込みのオーバーローンでも可」との返事をいただきました。

融資については、私と妻との連帯債務。所有権は、所得割合に準じて、私が9割で、妻が1割。団体信用生命保険（団信）は妻名義。妻のほうが私より9歳年下なので、融資期間が長くできるからとのことでした。

また、S銀行からは、「仲介会社はY社だが、コンサルティング会社（コンサルティング・事務処理等）として、S銀行お抱えのP社を起用してほしい」と頼まれました。

Y社のほうからは、後から、「Y社の非常勤専務取締役O氏を間に入れてほしい」と言われました。

また、Y社からは、事前に、「重要事項説明書（案）」と「売買契約書（案）」を、電子メールで添付送信していただきました。S銀行にも、電子メールで添付送信しました。

さて、私たちは、予定通り、勤め先そばの喫茶店にて、「重要事項説明書」に基づく説明を受け、「売買契約書」に署名捺印しました。その足で、S銀行お抱えのコンサルティング会社P社に、「重要事項説明書」と「売買契約書」を持参しました。その後、S銀行からは、正式に、融資承認となった旨の電話が来ました（電子メールもあり）。そして、勤め先のそばの喫茶店にて、「金銭消費貸借契約」の締結です。S銀行お抱えの損害保険会社代理店も同席し、同時に「損害保険契約」を締結。さらに、S銀行お抱えの司法書士事務所の人も同席し、「所有権移転・抵当権設定登記委任状」を提出しました。通常であれば、それで問題なく、後は、融資実行、決済、所有権移転を待つのみです。

ところが、その後、白紙解約期限が過ぎ、いざ、融資実行＆決済の1営業日前になって、特段の理由もなく、突然、Ｓ銀行は、融資をドタキャンしてきたのです。Ｓ銀行の言い分を聞くと「副頭取がヘソを曲げた」とか、「融資総額が多過ぎる」とか、とにかくよくわかりません。

　Ｓ銀行は、「Ｙ社のほうには、融資は承認だったが、妻の検診の結果、糖が出たからということにするから、もし、聞かれたら話を合わせてほしい」と頼まれました。Ｙ社には、Ｓ銀行から電話を入れてもらいました。

　その後で、Ｙ社から電話が入りました。「手付金（500万円）は、返らないかもしれません」とのことです。私は、その旨をＳ銀行に電話しました。「500万円については、当方の責任ですから、今週中には送金します」とのことでした。

　その後、夜になって、Ｙ社から再び電話。「手付金放棄だけではすみません。違約金（2割。約4000万円）も払ってください。仲介手数料（約3％。600万円）も払ってください。明日、配達証明付内容証明郵便を出状します」とのことでした。

　すべてがすべて、図ったかのように迅速、かつ、定型的でしたから、計画的な詐欺かと感じました。後から考えてみると、Ｙ社の非常勤専務取締役Ｏ氏を間にかますということは、法の抜け道を突いた用意周到な手口だったのかもしれません。なぜなら、そうすることで、Ｙ社は売主・買主双方からの仲介手数料（両手）のみならず、売買差益まで抜くことができるからです。

　さらには、売主はＹ社の非常勤専務取締役Ｏ氏［宅地建物取引業者（宅建業者）不登録］であって、Ｙ社等の宅地建物取引業者ではないため、特約で、瑕疵担保責任を排除していました。普通、宅建業者であれば、2年間の瑕疵担保責任があります。本件のようにトラブルになった場合、売主が宅建業者であれば、クーリングオフという選択

肢もあり得ますが、売主が宅建業者でなければ、クーリングオフはありません。

　このY社、宅建業者ですが、媒介契約書不締結、「重要事項説明書」・「売買契約書」締結前の手付金受領、手付金分割受領、仲介業務における信義誠実義務違反等の宅建業法違反もしていました。

　S銀行の方は、「1000万円までは用意しています」「実は、ポケットマネーですが……」「それ以上は無理なので、融資金額を減らして、再承認を取ります」など、いろいろ言ってきましたが、当方としては、できるだけ早く、5月のゴールデンウィーク中に何とかしようと思い、2営業日程度で融資金額を減らしてでも、融資再承認を得ることにしました（実際、承認を得ることができました）。

　しかし、Y社は、別途、個別の協議を持つこともなく、一方的に、配達証明付き内容証明郵便で契約解除を通知。すぐに、他に転売してしまったのです。

　当方としては、札幌で、売買仲介や賃貸管理等でお世話になっているB社社長を思い出し、当該宅建協会にも相談、顧問弁護士に弁護の依頼をしました。ちなみに、Y社は、当該宅建協会の会員でした。

　すると、その後、Y社は、提訴してきました。裁判が始まり、1年近く経ってから、衝撃の事実が判明しました。

　何と、私の知らないうちに、S銀行がコンサルティング会社P社と一緒になって、「手付金領収証」「重要事項説明書」「売買契約書」等の書類原本のコピーを取り、それを利用して、偽造していたのです。しかも、あろうことか、その偽造を、私がやったと言ってきたのです。私に濡れ衣を着せてきたのです。当方の弁護士ですら、「銀行が各種書類偽造などするはずはないし、やる理由もない。あなたがやったのではないですか？」と、信じてくれていない感じでした。最終的には、

「Ｙ社を敵に回すより、味方に付けて、Ｓ銀行を攻めたほうがいい」との意見でした。

ところが、結局、Ｙ社とＳ銀行はグルになって、当方を攻めてきました。Ｓ銀行からＹ社に対し、電話で、「融資正式承認となった」「金銭消費貸借契約も締結した」「融資は承認だったが、私の妻の検査の結果、糖が出たので、融資ドタキャンにした」などと主張していました。当初、「抗弁書」に記載・証言していたことなのに、後になって、知らないと覆してきたのです。Ｓ銀行が今後の不動産経営融資に絡めて圧力をかけたのか、グルになる戦法できたのか、いずれにせよ、Ｙ社は、「長い物には巻かれろ」できたのでしょう。

Ｓ銀行も、「融資正式承認などとは言っていない」「金銭消費貸借契約書用の収入印紙代14万円も頼んでもいないし、預かってもいない」「金銭消費貸借契約などは締結していない。あれは、勝手に、そちらが署名捺印しただけだ」「仮に、そうだとしても、担当者Ｍが勝手にやったことで、Ｓ銀行としては知らない」などと、平気で偽証していました。

担当者限りでそんなことはできないでしょうし、仮に、そうだとしても、表見代理・使用者責任の法理があります。無茶苦茶を言うものだと、呆れました。

ところが、地裁は、Ｙ社・Ｓ銀行の言い分だけを採用し、当方の言い分には、まったく耳を貸しませんでした。各種電子メール・文書等、状況証拠的にも、Ｙ社・Ｓ銀行の言い分には矛盾だらけであるにもかかわらず、です。

結局、2年以上も経過して、地方裁判所（地裁）では、私の全面敗訴となりました。私が各種書類を偽造したと思っていたのでしょう。

裁判所が言う理由は、苦し紛れにしか思えませんでした。どういうことかというと「不動産経営とは、そもそも、自己資金1割以上でや

るのが当たり前で、フルローン、オーバーローン等は違法行為であり、保護するに値しない」という理屈だったのです。こんなことがまかり通るなら、かなりの数の不動産取引は違法ということになります。呆れるばかりです。

　このトラブルでは、結局のところ、違約金や仲介手数料、金利（年利6％）、当方・先方の裁判費用、弁護士費用、その他諸経費などを合計すると、総額6000万円の損失となりました。強制執行認諾文言付きですので、Ｙ社は、各種強制執行も可能です。私所有の物件に強制執行をかけ、競売に持ち込み、二束三文で得ることも可能です。場合によっては、勤め先の給料の差し押さえも可能です。そうなると、事実上、解雇です。嫌がらせも何でもしてくるような感じでした。

　通常、給料の差し押えは、最後の手段と言われており、裁判所も認めにくいようですが、私の管轄裁判所には、判決からしても、まともな判断は期待できません。

　自己破産の場合でも、そうです。不動産は失い、仕事も、事実上、失うこととなるでしょう。仕方なく、現預金や定期預金、外国為替、貴金属、株等、ほとんどを処分しました。三男の教育資金としての定期預金まで解約し、カードローンからも借り入れ、6000万円を工面し、支払いました。不動産・仕事だけは、守りたかったからです。

　手持ち資金は、いったんゼロにはなりました。しかし、不動産が残れば、毎月、生きていけるだけのキャッシュフローは残ります。安月給ですが、仕事もできます。再度、ゼロからやり直せるのです。

　Ｙ社とは、泣き寝入りの形ですが終わらせました。
　一方、Ｓ銀行とは、高裁へ控訴と、継続しました。高裁への控訴での逆転の可能性は、過去の統計上、25％しかないとのことです。
　地裁では、ひとりの裁判官の独断と偏見で判決が出されますが、高

裁では、一応、3人の裁判官で判断されます。

　しかし、まあ、同じ裁判所ですから、地裁の判決を高裁が否定することを期待するほうが無理でしょう。

　結局、高裁でも敗訴。私は、最高裁へ。

　最高裁への上告については、事実認定誤り・法律判断しか取扱いませんし、逆転の可能性は、過去の統計上、1％しかないと言われています。結論を言うと、最高裁でも受け入れてはもらえませんでした。私は、並行して、宅建協会や消費者庁、金融庁、警察等にも相談しましたが、「裁判に委ねてくれ」と言われるばかりで頼りにはなりませんでした。

　宅建協会は会員である不動産会社を、金融庁は銀行を守る立場なのでしょうから、期待するほうが無理なのかもしれません。

　警察も「証拠が弱い」とか、「銀行が書類偽造とかそんなことをするはずない」などといって、まともに取り合ってはくれません。

　結局、誰にとっても所詮は他人事で、「長い物には巻かれろ」で終わるのです。人は頼れない、自分のことは自分自身で守るしかないということがよくわかりました。

　ところで、その後ですが、S銀行とは、こちらから手を切ることとしました。かねてからご提案を受けていた、他の金融機関に借り換えることとしました。S銀行のサラ金並みの高金利を大幅に引き下げることができました。

　S銀行に、強制的に歩積み両建てさせられていた定期預金や定期積立金はすべて解約し、普通預金とともに、ほとんど引き出しました。いったんは、手持ち資金ゼロになりましたが、不動産だけは残せたことが大きかったです。なぜなら、毎月のキャッシュフローを貯めていくことができたからです。

　サラリーマンも続けることができましたので、安月給ではありまし

たが、お金を貯めていきました。

その後、新たに、千葉駅そば一棟中古アパートも購入し、キャッシュフローを増やしていきました。お陰様で、また安定稼働ができるまでに至りました。

長い目で見れば、悪徳金融機関とは早めに手を切れて良かったのかもしれません。

かぼちゃの馬車事件

ところで、その後、Ｓ銀行ではさまざまなトラブルが発覚しました。代表的なのが「Ｋぼちゃの馬車」事件です。

この事件では、Ｓ社とグルになって、資産価値の低いシェアハウス物件を、割高で売却していました。

土地は、旗竿地等、道路付けや使い勝手が悪く、評価が低い土地です。建物は、シェアハウス必須の共用スペースもなく、７平方メートル程度の狭小の部屋です。資産価値１億円程度のものを、倍の２億円程度で、売却していました。Ｓ社は、建築会社からキックバック（リベート）を貰っていました。

また、Ｓ社は一括借上げ家賃保証契約をしていました。家賃については、通常の想定家賃より、高めに設定していました。言い分としては、職業紹介もしているからとのことでした。実際の入居率はゼロ〜１割、良くても４割程度。他の建築代金や売買代金等の利益で賄ったりしていました。自転車操業状態です。計画倒産という説もあります。

やがて、Ｓ銀行はＳ社を切り捨てることとし、融資打ち切り。Ｓ社は、倒産となりました。

ところで、Ｓ銀行はと言えば、ご多分に漏れず、各種書類の偽造を行い、不正融資を行っていました。

S銀行による書類偽造のうち、個人属性関連書類としては、源泉徴収票や預貯金通帳、所有株明細書、健康診断書など、物件属性関連資料としてはレントロールや手付金領収証、重要事項説明書、売買契約書などです。

また、S銀行は、金融庁が禁止している歩積み両建て定期預金や定期積立金、プラチナカードの抱き合わせセールス、高金利の無担保ローンの抱き合わせセールス、デート商法、その筋系との付き合い、不正融資、オーナー一族O氏への不正融資等も行っていました。まさに、やりたい放題です。

今まで、「地方銀行（地銀）の優等生」と褒め称えていた金融庁も、マスコミ等によってその実態が暴露され、さすがにかばいきれなくなったのか、形だけ、一定期間（6カ月間）の営業停止を言わざるを得なくなりました。

現在では、その自粛期間も過ぎ、何事もなかったかのように、性懲りもなく、営業を再開しています。「ゴキブリを1匹発見したら、20匹はいると思え」「氷山の一角」といった言葉もあります。こういったことは、日本の金融業界・不動産業界では、日常茶飯事なのでしょう。

我々下々の庶民は、自分で自分自身を守るしかありません。

不動産融資禁止令

「羹に懲りて膾を吹く」。いつの世も、振り子は振れ過ぎるものです。金融庁は、このS銀行事件に懲りて、過剰反応し、「不動産融資禁止令」を出しました。

表面上は、自己資金4割以上とか、半分以上などと説明していますが、事実上の「不動産融資禁止令」です。

昨今、特に、女性（レディース）や若年者（ヤング）、高齢者（シニア）

など、一般的に属性が弱いとされている人たちが融資受けに苦戦しているようです。普通のサラリーマンや初めて不動産経営をしようという人たちもまた、苦戦しているようです。

逆に言えば、男性の中堅エリートサラリーマンや高資格者（医者や弁護士等）などで、不動産経営の実績もある高属性の人たちは、まだ融資受けが可能なようです。

家賃は下がらないのに、物件価格だけが徐々に下落しており、かつ低金利ですから、利回りやイールドギャップ・キャッシュフローは良くなってきています。不動産経営のライバルも徐々に減ってきています。つまり、優良物件が割安価格で手に入りやすくなりつつあります。高属性で、いまだに融資受けができる人とか、資産が多く現金購入できる人は、今後、バーゲン価格で優良物件を購入できるようになってくるものと思われます。

残念ながら、今、融資受けが難しいとされる人は、職業や資産運用等も含め、収入と自己資本を増やすべく、個人属性を良くしていく努力をするしかありません。

このような「不動産融資禁止令」といった行き過ぎた状況は、徐々に緩和されてくるものですから、そのチャンス到来の時期を虎視眈々と狙って、逃さないことです。

第**3**章

保険会社の
選定・付き合い方

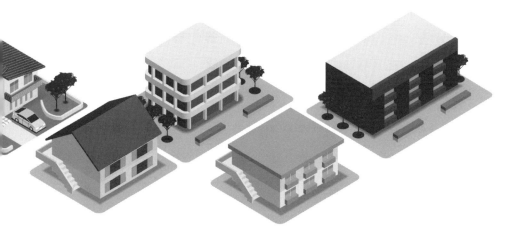

～第 1 節～

不動産経営に欠かせない 保険会社の役割について

　不動産経営にとっては、保険会社の存在、具体的には生命保険会社と損害保険会社は欠かせません。ここで一度、どういう役割を担っているのか、確認しておきましょう。

1）生命保険

　不動産経営に当たっては、ローンを活用すると、自身が死亡してしまったり、高度障害になってしまったりなど、「万一のことが起こってしまった場合、どうなるのだろうか」と心配になる人もいることでしょう。

　その不安の解消に役立つのが、団体信用生命保険（団信）なのです。団信があれば、自分が死亡したり、高度障害になったりしても、保険会社によって残債が支払われます。そのあとは、借入金のない無担保の不動産が残ります。

　家賃については、諸経費は掛かりますが、ローン支払いがなくなるため、ほとんど手残りとなります。

　なお、この団信は、通常は支払金利に含まれています。別枠であったとしても、性別・年齢差もなく、一般の生命保険に比べて半額程度と割安です。

　逆に言えば、残る心配は、怪我や病気などですが、このあたりは都

民（県民）共済や勤め先の団体保険等、割安な保険で十分です。割高な一般の民間生命保険はほとんど不要になります（保険料を節約することが可能となります）。

　通常、団信は付いていますが、場合によっては、任意の場合もあります。原則、付保しておいたほうがよいと思います。

２）損害保険

　先に、リスク対策として、リスク分散と損害保険の活用について、紹介させていただきます。

　リスク対策としては、リスク回避や軽減、移転（損害保険等）、認容（リスクを受け入れること）がありますが、損害保険は、このうちの移転に該当します。

　損害保険には、火災保険や地震保険、第三者損害賠償責任保険（落雪による対人対物被害等）、事故保険（自殺等）などがあります。各種のリスク対策となります。そして、損害保険付保に当たって欠かせないのが、損害保険会社や代理店などなのです。

～第2節～
生命保険会社とうまく付き合うコツ

1）通常は、金融機関が団信を指定する

　団信については、普通は金融機関が指定します。通常、1団体につき、枠が1億円までとなっています。

　1億円超の場合には、金銭消費貸借契約（将来の弁済を約束したうえで、金銭を消費するために借り入れる契約のこと）を数本に分けられる場合もあります。金利が若干違ってきたり、手間暇や諸経費も少し増えますが、大勢に影響はありません。

　信頼できる金融機関の担当者であれば、保険会社との連絡を密にしたうえで、借入人の死亡や高度障害など、万が一を想定して、団信のこともきちんと考慮してくれます。

　ただ、金融機関の担当者によっては、団信の枠の1億円を見落として、付保不能になってしまうこともありますので、この点は、自分でも注意しておくべきです。

2) 団体信用生命保険（団信）は、死亡・高度障害をカバーし、性別・年齢にかかわらず割安なので活用する

先述したように、団信に入っていると、万一のとき（死亡・高度障害等）の残債を免れることができます。

先述したように、性別・年齢にかかわらず保険料は一定で、通常の生命保険に比べ保険料は半額程度と割安ですから、活用したほうがお得です。

このあたりの話についても、FP（ファイナンシャルプランナー）的な発想のできる金融機関担当者であれば、保険会社と連絡を密にしたうえで、的確なアドバイスをしてくれると思います。もしも、アドバイスが不十分だと感じたら、こちらから質問して、あやふやな点を残さないようにしましょう。

ただし、団信は、通常、死亡や高度障害以外の病気や怪我には適用されません。したがって、割安な都民（県民）共済や、勤め先の団体保険等に加入しておくとよいでしょう。逆に言えば、割高な民間の生命保険等は割愛しやすくなります。

昨今では、団信でも、3大疾病（癌や脳卒中、心臓病等）までカバーするものも出ています。生命保険代わりに活用しやすくなっています。癌と判明しただけで、保険金が出るものもあります。

3) 5000万円以上は、検診が必要となるので、普段から健康には気をつけておく

5000万円未満は本人による告知のみですが、5000万円以上になる

と、医療機関による指定検診が必要となります。高血圧等、引っかかりやすいので、普段から体調管理には留意しておくことです。

余談ですが、検診時、ギリギリの時間になって慌てて病院に駆け込んだり、過度に緊張していたりすると、血圧が上がりやすくなります。

先述したように、信頼できる金融機関の担当者であれば、保険会社との連絡を密にしたうえで、借入人の死亡や高度障害など、万が一のことを想定して、団信についてもきちんと考慮してくれます。

ただ、金融機関の担当者によっては、団信の枠の1億円を見落として、付保不能になってしまうこともあります。自分でも注意しておくことです。

なお、先に触れたように、団信の上限は、通常は1億円ですが、金融機関により、複数団体を起用すれば3億円くらいまでは活用可能です。

4）団信の完済年齢上限は、通常は80歳なので、不動産経営は早めに始める

団信の完済年齢上限は、通常、80歳までとなっています。例えば、60歳であれば、20年間となります。物件が新築で耐用年数が長くても、自分の「耐用年数」が短ければ、借入期間は短くなってしまうのです。

不動産経営は、その性質上、早く始めるに越したことはありません。若いうちは心身ともに元気ですし、借入期間も長く設定できます。長めのローンを組むことができれば、毎月の返済金額も抑えられますから、結果的にキャッシュフローを確保しやすくなります。

また、若いうちに始めればローンも早く終わりますので、「私的個人年金」として、年金代わりに活用することも可能です。

このあたりも、繰り返しになりますが、FP的な発想のできる金融機関担当者であれば、保険会社との連絡を密にしたうえで、不動産経

営をからませて、老後のことも含めたライフプラン全体として、的確なアドバイスをしてくれると思います。アドバイスが不十分だと思えば、こちらから働きかけることについても同様です。

　ところで、不動産投資を始めたいと思ったものの、すでにそれなりの年齢に達してしまっている場合は、どうしようもないのでしょうか。

　結論から言うと、そんなことはありません。いくつか方法があります。

　ひとつは、配偶者（奥様等）が自分より若い場合には、配偶者名義で借り入れ、必要に応じて、連帯保証するというやり方です。私の場合も、妻が９歳若いので、妻名義で借入すれば、私が借り入れするよりも９年間も長く設定できます。

　ただし、このやり方は、夫婦円満が前提で、かつ、配偶者の理解が必要です。なお、連帯保証契約等は、仮に離婚しても継続されます。

　もうひとつ、子ども名義で借り入れるという手もあります。この場合は、長い目で、相続・事業承継まで視野に入れます。

5）団信のないプロパー事業用ローンを活用する場合には、キャッシュフローを多めに確保しておく。心配なら、通常の生命保険も活用する

　ここまで、団信のある通常のパッケージ型ローンを想定してお話ししてきましたが、団信のない事業用ローンを活用するという手もあります。

　団信はないものの、融資金額の枠や年齢制限、融資期間の枠といった制限がなくなります。

　金利も低めに設定できます。団信がない分、キャッシュフローが多

めに出るようにしておくことが必要です。

ただ、どうしても心配な人は「団信あり」のものも組み合わせておいたり、通常の民間の生命保険を付保しておく手もあります。

ちなみに、全件団信付きの場合は、相続時の負債がなく、資産のみが残るので、莫大な相続税を取られる可能性もあり得ます。

その点、あえて負債も残しておくことで自己資本を圧縮し、相続税を節税するという発想もあります。

借入金を活用して不動産経営を行った場合、借入金のほうは、そのままの金額をマイナスできます。さらに、不動産の評価は低くなります。土地に建物が建っていれば、土地の利用が制限されるという発想（「建付け地」）で評価が下がります。

さらに、人に貸していると、借りた人の権利が発生するという発想（「貸家」）で、評価が下がります。合わせると、「貸家建付け地」として、半額以下の評価となります。

この話も、FP的な発想のできる金融機関担当者に出会えるかどうかが鍵です。アドバイスが不十分だと感じるようであれば、納得いくまで質問して、不透明な部分が残らないようにしてください。

●

以上、各種観点から見てきましたが、FP的な発想のできる金融機関担当者であれば、保険会社との連絡を密にしたうえで、不動産経営をからませて、保険や節税等の税務対策、相続、事業承継なども含め、ライフプラン全体として、幅広く、的確なアドバイスをしてくれると思います。

大事なのは、うやむやにしておかないことです。何か腑に落ちないところがあれば、積極的に質問するなど、少なくともここで紹介したことはクリアにするようにしてください。

参考：トラブル事例紹介①

■ 不動産会社が団信の上限1億円を把握しておらず、団信不付保

　以前、名古屋駅そばの土地を購入後、一棟アパートを新築すること
となりました（6200万円）。その後、少し経ってから、博多駅そばの
土地を購入後、一棟アパートを新築することとなりました（5400万
円）。

　いずれも、団信付きということで、不動産会社には念押ししたうえ
で、進めていました。建築許可の関係で、博多駅そば物件のほうが先
に完成となりました。

　その後、名古屋駅そば物件の完成になったときに不動産会社から連
絡が入りました。（団信が）合計で1億円までしか付保できない、と
いうことが判明したのです。

　すでに、博多駅そば物件にて、団信枠5400万円を使っていますので、
残りの枠は、4600万円しかありません。不動産会社に「差額1600万
円分はあきらめるとして、せめて、一部として、4600万円分だけでも、
団信付保できないか」と打診してみました。すると、「できるかどう
かわからないし、いずれにせよ、金融機関（このときはT京スター銀
行）宛には再申請しなければなりませんし、融資審査もやり直しとな
り、融資承認となる保証もないし、時間もない」とのこと。最悪、こ
の案件事態をあきらめるしかなくなる可能性もあり得ます。

　仕方がないので、名古屋駅そばの物件については、団信なしで進め
ることにしました。残りの枠4600万円は、今後の取引で使おうと思っ
ていました。

　結局、T京スター銀行は、その後、不動産経営用融資はやめてしま
い、この枠を使うことはありませんでした。

後から考えれば、高額な名古屋駅そば物件（6200万円）のほうを団信付きにしておけば良かったと思う次第でした。

～第3節～
損害保険会社とうまく付き合うコツ

1）通常は、金融機関がお抱えの損害保険会社を指定する

　損害保険会社は、通常、金融機関お抱えの損害保険会社（代理店）を起用します。物件情報等は、金融機関から情報提供され、金融機関の満足する損害保険が付保されます。そのほうがスムーズで無難です。

　火災保険は必須ですが、地震保険については、通常は任意です。ただ、将来的に、懇意でお気に入りの損害保険会社（代理店）ができた場合には、そこを活用するべく、打診してみる価値はあるかもしれません。保険をまとめるとお互いに効率的ですし、融通も利きやすそうです。第三者損害賠償責任保険等、全物件まとめて付保といったやり方も可能です。

　FP（ファイナンシャルプランナー）的な発想のできる保険会社担当者であれば、不動産経営をからませて、保険活用によるリスク対策も含め、的確なアドバイスがもらえると思います。例えば、火災リスクのほか、地震などの自然災害リスク、第三者損害賠償リスク、自殺等の事件リスク対策を考慮した適切な損害保険会社選定＆保険選定などです。もしも、アドバイスが不十分だと感じたら、こちらから質問するなどして、あやふやな点を残さないようにしてください。

175

2）火災保険・地震保険、第三者損害賠償責任保険（落雪による人・車等への被害等）、事故保険（自殺・他殺等）等、各種あるので有効活用する

　リスクについては、火災や水害、台風、ひょう、雪など、さまざまなことが想定されます。

　地震については、二次災害として、火災や建物倒壊、津波等も想定されます。

　注意点としては、地震の二次災害による火災等は、火災保険ではカバーされず、地震保険でしかカバーされないという点です。

　また、地震保険には限界があります。例えば、火災保険の半額までしかカバーできません。また、上限は5000万円までとなっています。

　損害保険会社は再保険付保しているとは言え、大地震時には、そもそも損害保険会社自体や、国自体が破綻する怖れもゼロではない、というところは認識しておく必要があります。

　柱が1本残っただけでも駄目で、全壊の場合しかカバーできないといったものもあります。

　その割には、地震保険料は高額で、保険期間についても、昨今では高リスクということで、最長で5年間などです。

　FP的な発想のできる保険会社担当者であれば、不動産経営をからませつつ、費用対効果をも考慮した保険活用によるリスク対策も含め、的確なアドバイス（例えば、火災リスク、地震等の自然災害リスク、第三者損害賠償リスク、自殺等の事件リスク対策など）をしてくれると思います。もしも、アドバイスが不十分だと感じたら、こちらから質問するなど、積極的に働きかけることについては言うまでもありません。

3）水漏れ等の保険不払いの会社もあるので、留意する（免責事項には注意する）

　「火災保険」は万が一に備えて加入するものであり、実際には、ほとんど起こるものではありません。特に、鉄骨鉄筋コンクリート造り（SRC）のマンションの場合には、当該部屋のみで、他の部屋にまで影響が及ぶことは少ないです。木造の場合は全焼しますが……。

　トラブルのほとんどは「水漏れ」です。水漏れを発生させ、下階にまで被害を及ぼしたり、逆に、上階から水が漏れて被害にあったりなどは日常茶飯事です。特に、寒い日には、「配管が凍結し、破裂して水漏れ」といった事態が立て続けに起こるものです。

　こういうとき、通常は、極寒による事故として保険金が下りるものですが、中には、自然劣化や経年劣化と言い張って、頑として保険金を支払わない損害保険会社（代理店）もあります。

　また、任意でオプションとして付保していない限り、特約等で免責としているところもあります。損害保険契約を付保するときには、水漏れについては、確認しておいたほうがよいと思います。

　トラブルが発生したときには、対応してくれた工事会社の報告書が決め手となります。自然劣化や経年劣化などの表現があると、その言葉が独り歩きし、事故として見てくれない可能性が高くなります。

　昔は、保険金不払いが流行ったものです。昨今では、温暖化や異常気象もあってか、地震や台風、集中豪雨など、自然災害も多発していること、さらには、少子高齢化や人口減や不景気、消費税増税などの影響を受けるなどで、経済全体が縮小し、保険契約は過当競争で伸び悩む一方、自然災害の多発で保険料を支払う機会も増えているため、保険会社の状況は青息吐息となっています。

　保険会社としても、リスクを低減させるべく、保険期間を最長でも

5年間など短めに設定してきたり、保険料を値上げするなどで動いてきています。

　今後、保険料不払いは、ますます加速するものと思われます。だからこそ、トラブルにならないように、保険の内容にはしっかり目を配っておくべきだと思います。

4）保険申請に強い代理店を選ぶ

　先述したように、トラブルの報告の仕方次第で、結果は変わってくるところもあります。同じ水漏れでも、「極寒によるトラブル」と考えるか、「自然劣化・経年劣化」と考えるかで大きく変わってきます。

　この点については、代理店が持つスキルや実績によってかなり左右されるようです。

　心ある代理店担当者であれば、こちらが状況を説明したうえで、「こういう保険金支払いもできそうです」など、向こうのほうから積極的に動いてくれることもあります。

　そういった代理店担当者であれば、大切にしてお付き合いしたいものです。

5）通常は、損害保険会社・代理店・建物管理会社等から保険契約更新の案内が来るが、合併等で状況把握困難なこともある。更新漏れとなる場合もあるので注意

　損害保険契約については、通常は、損害保険会社や代理店、不動産

会社などから、更新の案内が来るものです。

　しかし、不景気な昨今、合併に次ぐ合併が繰り返された結果、過去のことがわからなくなったり、代理店業務をやめていたりなどで、引き継ぎやフォローもなく、どこからも連絡が来ない場合もあります。特に、ローンが終了した場合には、金融機関もノーケアになりますので、失念しがちです。

　昔は、金融機関は、融資するときに「損害保険契約書」を預かり、損害保険金に質権設定（※）していました。所有者が、保険金を使い込まないようにというものです。昨今では、そこまではしない場合が多いようです。

　更新しておかないと、トラブルが発生したときに、損害保険契約失効のまま、誰も気づかないといったことも起こり得ます。特に、昔は25年間契約など、超長期の契約がほとんどでした。そんな大昔のことは誰もわからなくなったりしているケースが多いので要注意です。

※質権設定

金融機関が火災保険に質権設定しておくことにより、火災等の災害時、保険会社から、保険金が被保険者ではなく、金融機関に支払われることも可能となります。金融機関にとっては、債権保全の一環となります。

参考：トラブル事例紹介②

┃ 保険会社の合併等により、保険情報が把握不備となり、更新の案内が来ず、保険契約が失効、水漏れカバーされず

あるとき、札幌の区分所有マンションの管理会社から、「水漏れが発生した」との連絡が来ました。私は、管理会社に、「損害保険で対応してください」とお願いしました。

ところが、管理会社のほうでは、「損害保険付保状況がわからない」とのこと。仕方がないので、自宅の書類をひっくり返し、損害保険関連資料を見つけました。何と、当該管理会社が損害保険会社の代理店となっているではないですか。とりあえず、その書類のPDFを電子メールで添付して送信しておきました。

同時に、賃貸管理会社、そして、損害保険会社代理店としても、「損害保険付保状況は把握しておいてほしい」とお願いしておきました。

ところが、その後、管理会社からの連絡によると、何と「損害保険契約は失効している」と言うのです。

私は、損害保険会社や代理店から更新の案内があれば、即、対応していますので、「そんなはずはない」と調べなおしてもらいました。

すると、当該管理会社は、「昔は代理店業務もやっていたが、割に合わないので、やめた」と言うのです。その後の引き継ぎ、フォローもノーケアのようでした。

一方、損害保険会社のほうも不景気で、合併を繰り返し、わけがわからなくなっている状態とのこと。本当にいい加減なものです（私も人のことは言えませんが）。今後のこともあるので、遅ればせながら、即、損害保険付保手続きをしました。もちろん、今回のトラブルはカバーできませんでした。

■ 階下に水漏れ、損害賠償請求受け 200 万円

　この話も、札幌の区分所有マンションでのことです。水漏れを発生させ、階下にまで被害。運悪く、階下は美容室で、設備が台無し。「損害賠償として 200 万円払え」と来ました。

　こちらとしては、まずは、被害拡大防止ということで、迅速に、応急措置対応。その後、恒久的対応。あとは、本件の切り分けです。

①共用部分・専用部分

　区分所有マンションは、共用部分と専用部分に分かれます。

　共用部分とは、区分所有者皆で所有・利用するもので、エントランスやアプローチ、廊下、階段・エレベータ、屋上、管理人室、共用会議室、ゲストルーム、駐車場、ベランダなどが該当します。

　ベランダは、普段は、各区分所有者が専用していますが、緊急時には避難路として使用しますので、専用使用権付き共用部分と言われています。管理組合として、通常、損害保険に入っています。

　これに対して、専用部分とは、各区分所有者が所有・利用する各部屋内部です。

　共用部分については、管理組合（建物管理会社）マターであり、管理費や修繕積立金で賄います。

　専用部分については、各区分所有者マターであり、各区分所有者が負担します。各区分所有者として、通常、火災保険に入っています。

　ところで、いざ、トラブルが発生したら、管理組合（建物管理会社）は、「共用部分ではない。専用部分だ」と主張し、逃れようとする傾向にあります。床下や壁の中など、こちらではコントロールできない部分についても、「共用部分ではなく、専用部分だ」と言われることもあります。

　管理会社経由で損害保険会社に言うと、適当にあしらわれることも

ありますので、所有者から直々に電話を入れてみると、対応が変わることも多いです。

②専用部分における所有者・入居者

先述したように、専用部分については共用部分ではないため、管理組合(建物管理会社)マターではなく、各区分所有者マターとなります。

ただし、入居者の故意・過失の場合には、入居者に求償することが可能です。例えば、水道を出しっ放しにした場合や、掃除もせず髪の毛を詰まらせて水が溢れた場合などです。そこで、入居者にも損害保険に加入しておいてもらうことも多いです。

ところで、本件、結果的には「共用部分」ということで、管理組合（建物管理会社）マターとなりました。結果、下階の方へは、管理組合（建物管理会社）がケアしてくださいました。

ただし、私の専用部分については「私のほうで対応」ということとなり、私付保の損害保険にてカバーしました。

3）上階から水漏れ、水浸しに

水漏れは、加害者になることのみならず、被害者になることもあります。

ある日、管理会社から連絡がありました。上階から水漏れがあり、水浸しになったとのこと。その後、上階の関係の損害保険会社のほうで修理を対応してくださったようです。

しばらくして、上階の関係の損害保険会社から手紙が来ました。「修理対応確認書」といった類のものでした。「署名捺印のうえ、返送してほしい」ということだったので、念のため、札幌の管理会社に連絡してみたところ、見に行ってくださるとのことでした。その後、「天

井の水漏れ跡がひどい状態になっていました」と管理会社経由で連絡が入りました。かろうじてひどい目に遭う前に対応してもらうことができました。念のため確認してもらって良かった事例です。

第**4**章

各種士業の
選定・付き合い方

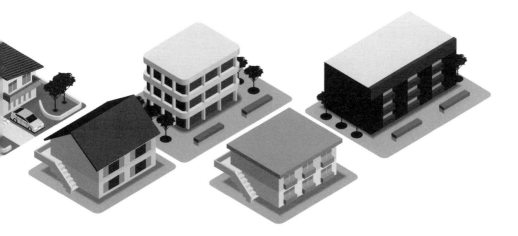

~第1節~
各種士業の選定について

　不動産経営においては、法令や会計や税務、不動産など、幅広いスキルを要します。自分自身でも、浅く広く勉強して、ある程度のスキルを身につけておいたほうがよいです。不動産会社や金融機関とも対等に話せますし、悪徳不動産会社や悪徳金融機関等に騙されるリスクも減ります。

　ただし、あくまで、浅く広く程度で十分です。とことんやり過ぎると、時間が足りません。弁護士・公認会計士レベルのスキルを要求しているのではありません。自分は不動産経営で稼いで、何かあれば弁護士等に委任・業務委託すればいいのですから。

　法令などを勉強するためには、各種専門分野をカバーする必要がありますので、各種士業の先生方の知り合いを増やしておくとよいでしょう。具体的には、弁護士や司法書士、公認会計士、税理士、不動産鑑定士、土地家屋調査士、宅地建物取引士などです。

　特に、ご自身でも、不動産経営を行っておられる先生がよいです。各種専門分野ではプロでも、不動産や不動産経営のことはほとんど知らない方も多いからです。

　私も、不動産経営、各種コラムや書籍の執筆、講演等を通じて、不動産経営仲間として、各種士業の先生方と知り合えるようになりました。知りたいことがあったり、トラブルに遭遇したときには、親身に相談に乗ってくださいます。いつも助かっています。言うまでもなく、

不動産経営以外のビジネス・日常生活等においても、助かることが多いものです。

～第2節～
不動産鑑定士とうまく付き合うコツ

1）金融機関の不動産鑑定は、収益還元法、積算価格法が中心。地方 SRC 一棟マンションは積算評価が出やすいが、過信しない

　不動産購入時や追加融資受け時、不動産売却時、相続時など、不動産の評価をするとき、不動産鑑定士の評価受けをする機会があります。宅地建物取引士の試験においても、不動産評価の項目があります。浅く広くで構いませんので、自身で勉強しておいたほうがよいでしょう（次ページのコラム参照）。

　不動産評価方法については各種ありますが、昨今、金融機関等で主に使われているのは、収益還元法と積算価格法です。

　バブル期など、昔は取引事例比較法や近隣価格比較法なども使われていましたが、不景気な昨今では、参考程度です。

　金融機関としては、通常、各種不動産鑑定士に鑑定を依頼したり、取引事例比較法や近隣価格比較法など、各種鑑定手法を比較したり、融資を通しやすくするために努めるものです。

　悪徳金融機関の場合には、各種書類同様、この不動産鑑定士の鑑定評価も偽造している可能性があります。

　一方、不動産経営者としては、適正な評価をしてくれる不動産鑑定

士を選ぶべきです。例えば、不動産経営を自分でやっている人なら信用できます。ホームページの略歴や書籍の略歴などを見ると、「自分で不動産経営をやっているかどうか」がわかります。もしくは、不動産仲間の不動産鑑定士などを選定すべきです。

コラム：不動産経営者が覚えておくべき評価法

①収益還元法

　家賃収入をもとに、期待利回りから逆算して、価格を算出する方法です。例えば、家賃収入が年間100万円、期待利回りが年利10％とすれば、1000万円［100万円 ÷10％（0.1）= 1000万円］となります。

　家賃収入については、通常は現行家賃、空室があれば想定家賃で計算します。そのとき、不動産会社の想定家賃は高めに設定されている場合が多いので、近隣家賃相場をチェックしておくとよいです。

　また、不景気な日本では、家賃は下落傾向にあります。そのため、入居者が退去したことを受けて新規募集するとなると、想定家賃は下がります。厳しく、安めの新規募集想定家賃に引き直して見ておくくらいの用意周到さも必要です。

　なお、生活保護者の場合には、補助の限度額が比較的高額な場合もあり、高めの家賃でも入居していることがあります。その場合も、退去後、新規募集すると、低めの家賃になると想定されます。

特異な例として、売主や不動産会社が、高値で売却したいがために、やらせで、高値で、知人等を入居させている場合があります。極端な場合、偽装入居の場合もあります。

　そのようなケースでは、買った途端に退去ラッシュとなることもありますから注意が必要です。敷金や礼金なし、フリーレントなどの抱き合わせで、家賃は高めで入居させている場合もあります。そういうケースでも、家賃の下落が想定されます。

　期待利回りは、その時々の経済情勢や不動産経営情勢、金利情勢にもよります。

　一般的に、バブル期等においては、家賃は上がらないのに、物件価格だけが上昇するため、利回りは下がります。投資熱も過熱し、利回りが低くても、リスクを取って、投資しようとします。

　逆に、バブル崩壊期には、家賃は下がらないのに、物件価格だけが下がるため、利回りは上がる傾向にあります。不景気な分、利回りが高くないと、リスクを取りたくないといった考え方になります。

　先の例で言えば、期待利回りが５％でも投資したいとなれば、物件価格は2000万円［100万円÷５％（0.05）＝2000万円］と、倍になるのです。

　逆に、期待利回りが20％でないと投資したくないとなれば、物件価格は500万円［100万円÷20％（0.2）＝500万円］と、1000万円の半額になるのです。

　昨今であれば、2018年のアベノミクスミニミニバブルの崩

壊で、期待利回りは高くなっていく傾向にあると思われます。

　この収益還元法であれば、不動産鑑定士ではなくても、一般の不動産経営者でも、自分自身で、ある程度、算定できます。

②積算価格法

　不動産というものは、土地と建物等から構成されています。土地は減価しませんが、建物は古くなって、価値が下がっていきます。

　税法では、耐用年数を定めており、経過年数に応じて、価値が下がるとしています。土地については、実勢価格によりますが、公的な各種評価額も参考にします。固定資産税評価額や路線価、公示価格、標準価格等です。

　通常、固定資産税評価額は実勢価格の７割程度、路線価は実勢価格の６割程度と言われています。いずれも公表されていますので、調べればわかります。路線価や公示価格、標準価格等は、新聞等のマスコミで公表されますので、保存しておくと参考になります。

　固定資産税評価額については、不動産取得税や固定資産税・都市計画税請求受けのときに、わかります。通常は、不動産物件購入時、物件評価の参考にするときや、売主・買主間の固定資産税・都市計画税費用分担を精算するときに、売主や不動産会社から教えてもらうものです。

　実勢価格は、バブル期からバブル崩壊期にかけて、乱高下しますが、各種公的評価は、不動産取得税や固定資産税、都市計画税、不動産譲渡税、贈与税、相続税などの各種納税にも関係してくることもあって、あまり動かないものです。

土地の各種評価額単価［平方メートル・坪（約3.3平方メートル）］を調べたうえで、土地面積を掛ければ、概算できます。厳密には、土地の道路付け等によっても、加減されます。角地や、広い前面道路に長く接していたりしたら、評価が高くなります。

　逆に、接道義務を果たしていない（原則、４メートル以上の道路に２メートル以上接していないなど）で再建築不可の場合などでは、価値はほとんどなく、良くても半額以下となります。こういった物件は、原則、お勧めしません。

　例外的に、将来、隣地も購入でき、まとめての道路付けが可能となり、評価増が見込めるならば別ですが、先のことはわかりません。

　ほかには、「セットバック」といって、建物を後退させて建築し、４メートル以上の道路を確保すれば再建築可、という物件もあります。この場合には、評価減はさほどありません。

　一方、道路の関係で、どん詰まりや旗竿地の場合は、通常は評価減となります。

　広さだけでなく、土地の形状も影響を与えます。やはり、正方形や長方形等、土地の形状がきれいで、建物を建築しやすいケースがよいです。

　逆に、菱形や台形、三角形等、いびつな形であるがゆえに建物を建築しにくい場合は、評価減となります。

　建物については、その構造によって、税法上、耐用年数が決まっています。鉄骨鉄筋コンクリート造り（ＳＲＣ）や鉄

筋コンクリート造り（ＲＣ）は 47 年間、鉄骨造り（Ｓ）は標準 33 年間、木造は 22 年間等です。

　建物の各種構造ごとに単価［平方メートル・坪（約 3.3 平方メートル)]を調べたうえで、建物延床総面積を掛ければ、概算できます。ちなみに、私の場合は、立地・環境重視です。好立地のエリアで、数に限りのある、減価しない土地重視です。建物自体等にはあまり資産価値は期待していませんので、土地値を参考にしています。

③取引事例比較法・近隣価格比較法

　これは、バブル期等によく言われていました。買うから上がる、上がるから買うとばかりに、価格がどんどん吊り上がっていきました。隣が高く売れたから、こちらも高く売れるといった、あまり根拠のない考え方です。

　しかし、人間の心理としては、心の奥底にはこういった考え方も根付いているのでしょう。我々も注意が必要です。

　各種サイト等で、物件売り情報が出ていますが、これはあくまで売却希望価格です。売れずに、放置されているものもあるでしょうし、仮に売れたとしても、不景気な昨今では、指値もしくは値引き要求で、値下げされて売買が成立していることが多いものです。

2）必要であれば、金融機関お抱えの不動産鑑定士を起用し、評価してもらう

　不動産鑑定士について言えば、融資審査のとき、普通は、金融機関のほうで用意した人を起用します。通常、個人レベルでは、そこまではしません。

　不動産経営者としては、自分自身で概算評価をすれば十分でしょう。

　前述のように、積算評価としては、土地の評価額（土地の評価額×土地面積）をベースに見ます。

　建物の評価額（建物の評価額×延床面積－減価償却費累計額）を足す場合もあります。

　収益還元評価としては、年間家賃÷期待利回りです。

3）不動産経営者としては、収益還元法中心で考える

　不動産経営者としては、まずは、収益還元法中心で見ていくべきだと思います。次いで、資産価値という見方で、積算価格法も見ていけばよいでしょう。ちなみに、私の場合には、土地値重視で見ています。

　取引事例比較法や近隣価格比較法については、あくまで最後の参考程度、そして、指値・値引き交渉の参考にする程度でしょうか。

　不動産会社や金融機関としては、何とか成約に結びつけようとして、特に、地方の築古一棟アパートやマンション等の場合、積算評価法を持ち出しますが、自分なりに、収益還元法等で適正な評価をして、購入の判断をすることが重要です。

特に、悪徳不動産会社や悪徳金融機関の場合には、不良物件を割高価格の場合でも勧めてきますので、要注意です。

4）不動産鑑定士は不動産鑑定のプロなので、不動産鑑定等、いざという時、相談できる知り合いを増やしておく

　不動産鑑定士の先生のコラム・著書を読んだり、セミナーに参加したり、個人的にお付き合いし、そのノウハウを吸収することは、きっと役に立ちます。できれば、ご自身でも不動産経営をやっておられる実践的な先生を選んだほうがよいです。

（参考）
「浅井佐知子不動産鑑定事務所」
https://www.fire-bull.info/as/

～第3節～
宅地建物取引士とうまく付き合うコツ

　宅地建物取引士は、不動産会社において、5人に1人以上置かなければならないとされています。

　逆に言えば、5人に4人は、無資格者で、前日まで車を売っていた素人かもしれないということです。それだけ、担当者選びも重要ということです。

　「重要事項説明書」と「売買契約書」の説明といった重要な業務は、宅地建物取引士にしか行えないこととされています。

　宅地建物取引士は、法令（民法、権利の制限、建築業法等）、会計・税務、不動産（鑑定評価等）等、浅く広く的なスキルを要求されています。

1）重要事項説明は、宅地建物取引士が宅地建物取引士の免許証を掲示したうえで、「重要事項説明書」という書面で、時間的余裕を持って行う

　宅建業法上は、重要事項説明については、宅建士が免許証を掲示したうえで、「重要事項説明書」という書面をもとに、「売買契約」締結前に、時間的余裕を持たせて実施することとされています。しかし、実務上はドタバタで、不動産会社の宅地建物取引士から、「重要事項

196

説明書」の説明を受け、そのまま、「売買契約書」に署名捺印という流れが多いです。

　「重要事項説明」を受けつつ、後で、何気に、

　「お仕事しながら宅建士の資格を取るのは、大変だったのではないですか？」

と聞いたら、

　「そうなんですよ。今年こそ受からないと、上司に怒られますので。といって、上司もまだ持っていないのですけどね」

という返答をもらったことも、過去にはあります。こういうときは「この会社、大丈夫かな」と思うものです。

　遠隔地で、かつ、少額の場合には、「持ち回り」などといって、郵送で済ますこともあります。これらは、宅建業法上、問題となります。

　もっとも、昨今では、ネットの「重要事項説明」も可にしようという動きもあります。ヤフーオークションでもそうですが、ネットで不動産が買える時代になりつつあります。

　「重要事項説明書」については、宅建協会の雛形があります。特に、金額や日付等、重要な点は、確認が必要です。

　金額については、以下のものがあります。

◎売買金額
◎手付金金額（通常売買金額の５～10％）、残金
◎仲介手数料（上限は売買金額の約３％）
◎違約金（通常、売買金額の１～２割。上限２割）　　など

日付については、以下のものがあります。

◎「重要事項説明書」・「売買契約書」の署名捺印日
◎手付金交付日
◎白紙解約期限
◎融資実行日、決済日
◎仲介手数料支払日　　など

　以上のようなことについては、事前に、不動産会社や金融機関と調整していても、突然、その段になって条件が変わっていることもあります。したがって、注意・再確認が必要です。
　ほかに注意すべきは特約事項です。以下のことについて記載されていることがありますので、注意して確認してください。

◎物件の瑕疵
　・道路付けなしや再建築不可
　・セットバック
　・建蔽率、容積率オーバー
　・自殺等心理的瑕疵等事故物件
◎瑕疵担保責任排除　　　など

 ２）売買契約も、宅建士が取り扱う

　「重要事項説明書」の後は、時間的余裕を持ったうえで、「売買契約書」の説明も宅建士によって行われます。

「重要事項説明書」と同様、金額や日付、特約事項等について、注意・再確認することが必要です。

3）できれば、自分自身も宅建等を勉強し、浅く広いノウハウを身に付け、不動産会社と対等に話ができるくらいのレベルにしておく

　不動産の売買や仲介を業とする場合には、宅建業の届け出が必要です。

　届け出は、賃貸をする場合には不要ですが、転売や売買を頻繁に繰り返す場合には、「業」とみなされる場合もありますので、注意が必要です。「業」とは、反復継続して行うことで、宅地建物取引業届出が必要となります。ちなみに、私の場合は、長期保有が前提なので、売却したことはありません。

　売る・売らないにせよ、宅地建物取引士の勉強をしておくと（宅地建物取引士の資格を取っておくと）、不動産について、浅く広くではあるもののスキルが身に付くことは事実です。ちなみに、私は、宅地建物取引士の有資格者です。

　このメリットは、不動産会社・金融機関とも、対等に話ができることにあります。不動産業界・金融業界は、魑魅魍魎がうごめく世界です。実際、悪徳不動産会社や悪徳金融機関が跋扈しています。だからこそ、ある程度のスキルを身に付けて自己防衛できるようにしておかないと、それこそ「カモネギ」の如く、丸裸にされてしまいます。

　宅地建物取引士の資格を取っておくと、転売をするときも、業として届けやすいです。また、将来、宅建業も行いやすいです。そのあたりを考慮すると、勉強・取得しておいても、損はないかと思われます。

協　力

**4）いざというとき相談できる宅地建物取引士を増やし
ておく。区分所有マンションについては、マンショ
ン管理士や管理業務主任者がプロで詳しい**

　宅地建物取引士は、不動産会社や不動産経営仲間にも多いので、話
を聞いてみることです。

　なお、不動産の中でも、区分所有マンションに関しては、マンショ
ン管理士や管理業務主任者が専門で詳しいです。

　マンション管理士は、区分所有マンションの管理委託者側（所有者
や管理組合）の立場です。管理業務主任者は、管理受託者側（建物管
理不動産会社）の立場です。ただ、両者とも、スキルの対象は、ほぼ
共通しています。

　建物管理不動産会社は、管理物件20件ごとに、管理業務主任者有
資格者1名を置かなければならないとされています。ちなみに、私も、
双方の資格を保有しています。

　一棟物（戸建てや一棟アパート、一棟マンション）に関しては、区
分所有ではなく、管理組合もありませんが、マンション管理士や管理
業務主任者のスキルは役立つと思います。

　一棟物は、管理組合がない分、自分だけでコントロールできますが、
反面、自分自身ですべてをケアしなければなりません。

　不動産経営を行うに当たっては、わからないことも出てくるもので
す。

　また、先述したように、不動産業界や金融業界は、悪徳不動産会社
や悪徳金融機関が跋扈している魑魅魍魎がうごめく世界です。

　不動産は金額が大きいだけに、不良物件を割高価格で掴まされたり
した場合、ローン返済も不可能になり、一発玉砕や自己破産、再起不
能にもなりかねません。

そういったトラブル回避のためにも、宅建士などの人脈を形成して
おくことです。参考までに私のサイトも紹介しておきます。

（参考）
「加藤　隆オフィシャルサイト」
http://kt-taka.net/

～第4節～
土地家屋調査士とうまく付き合うコツ

　土地家屋調査士というのは、馴染みがないかもしれません。実は、土地を購入し、その後、建物を新築する場合の建物保存登記は司法書士ではなく、この土地家屋調査士が行います。いわば、土地・家屋調査のプロです。

　通常、土地家屋調査士は、不動産会社・金融機関お抱えの土地家屋調査士が対応してくれます。

１）土地家屋調査や新築建物保存登記など、いざというときに相談できる土地家屋調査士を増やしておく

　先述したように、土地家屋調査士は、土地・家屋調査のプロです。建物新築のときくらいにしか、知り合えるチャンスはないと思いますので、その機会に、面識を持っておくとよいです。

　飛び込みは、なかなか難しいものがありますが、過去に取引の実績があれば、相談や土地家屋調査、新築建物保存登記等がスムーズに進みやすくなります。融通も利きやすいものです。

　中古の取引になると、通常、土地家屋調査士は出てきません。司法書士のみでカバーできます。

余談ですが、司法書士は、この土地家屋調査士資格も保有しておけ
ば、新築・中古共に扱えますから、必然的に仕事も増えます。しかし、
文系的な司法書士と違って、土地家屋調査士には理系的要素もあるた
め、苦戦するのが実情のようです。

司法書士とうまく付き合うコツ

司法書士は、不動産登記業務が７割、商業登記業務が２割、その他業務（後見人業務・民事信託業務・少額訴訟業務等）が１割、という割合で業務を行っています。

不動産経営者にとって関連深いのは、不動産登記業務でしょう。所有権移転や抵当権設定登記などでお世話になります。

高齢者になってくると、事業承継という意味で、後見人業務や民事信託業務などでも関わってきます。

協力

1）司法書士は、通常、金融機関お抱えの司法書士を指定される

司法書士は、通常、金融機関お抱えの司法書士を指定されます。不動産会社お抱えの司法書士や、自分の知り合いの司法書士を使いたいと言っても、普通は、「金融機関お抱えの司法書士でお願いします」と言われます。

金融機関にしてみれば、お抱えの司法書士のほうが取引実績もあり、信用もあり、手間暇やスケジュール等、各種融通も利きやすいのでしょう。トラブルになったときも、金融機関側の立場に立ってくれるから

安心という意味もあると思います。

　私の場合も、徒歩圏の近所で、義弟が司法書士をやっていますが、「金融機関お抱えの司法書士を使ってほしい」と言われました。

　ただし、ローン返済が終わり、抵当権抹消するときには、金融機関にとっては、もはや利害関係がないためか、必要書類を送ってきて、「そちらで勝手に司法書士を探してやってくれ」という感じになります（必要とあらば、金融機関お抱えの司法書士で、実費で対応も可という金融機関もまれにありました）。

　以上からもわかるように、結論から言うと、時間や手間暇などを考慮すると、金融機関お抱えの司法書士にお願いするほうがスムーズと言えます。自分の知り合いの司法書士の場合には、金融機関に嫌がられるだけでなく、時間や手間もかかってしまいます。

　ただし、以下に述べるように、悪徳金融機関の場合には、トラブルとなるリスクがありますので要注意です。

　なお、抵当権抹消の場合には、自分の知り合いの司法書士でも支障はありません。

2）悪徳金融機関のお抱え司法書士の場合は、要注意

　悪徳金融機関のお抱え司法書士の場合には、要注意です。

　先述したように、悪徳金融機関によって、融資承認や「金銭消費貸借契約」の締結後、特段の理由もなく、融資実行・決済の1営業日前になって、突然、融資がドタキャンされ、違約金・仲介手数料等で、6000万円もの損失を被らされたことがあります。

　「金銭消費貸借契約」の締結時には、金融機関お抱えの損害保険会

社や司法書士事務所の人も同席していましたが、金融機関お抱えであったため、「金銭消費貸借契約」の成立について争いになっても、こちら側の証人としては期待できませんでした。金融機関お抱えの司法書士事務所の人ではなかったら、証人として、違った結果になっていたかもしれません。

　以上を踏まえると、金融機関からのお願いとは言え、場合によっては、不動産会社お抱えの司法書士ではなく、自分の知り合いの司法書士にお願いする手もあると思っています。

　ただし、自分の知り合いの司法書士にお願いする場合には、トータル、特に自分側での手間や時間がかかると思われます。また、金融機関側には嫌がられる可能性もあります。

　優良物件を割安価格で購入できる場合とはいえ、悪徳金融機関の恐れがある場合には、特にそうです。

　見分け方として、やたらとお抱えの不動産会社やコンサルティング会社の担当者にこだわり、そこを経由させたがること、同僚や上司とともにではなく単独で接したがること、金融機関内ではなく外で会いたがること、電子メールや書面等を残したがらない場合は、要注意かと思われます。

　また、悪徳不動産会社の場合には、不動産経営者仲間や不動産会社、ネット等の間で、悪評が立つものですので、注意深くアンテナを張っておくことです。

　Ｓ銀行事件においても、原稿執筆時の今（2020年）になっても、まだ話題にもなっていません。要注意です。

　ちなみに、後日、司法書士の義弟にも相談して調べてもらったところ、くだんの司法書士は、実は、司法書士ではなく、司法書士事務所の事務員だということがわかりました。これは、司法書士自らが本人確認をするべきという司法書士法違反です。

　このように、司法書士事務所の事務員など、無資格者が本人確認等

を行うこともあるので、注意が必要です。

3）決済日において、買主は売買金額を売主に支払い、売主は所有権移転登記用書類を交付する

　不動産売買契約においては、買主は、金融機関から融資を受け、売主に対し、売買金額残金（手付金を除いた額）を売主に支払います。売主は、買主に対して、所有権移転登記に必要な書類を渡します。買主は、その書類を司法書士に預けます。

　以上のように、決済は、売主・買主双方に義務があり、同時履行です。そして、司法書士が、中立的な立場で、間に入るわけです。したがって、売主のお抱えの司法書士や買主の知り合いの司法書士ではなく、金融機関のお抱えの司法書士が適任という発想が出てきます。

4）所有権移転・抵当権設定登記等は、司法書士が行う

　売買契約成立・司法書士への委任状交付後の後日、司法書士は、決済（金融機関から買主への融資実行、買主から売主への残代金支払い、売主から買主への所有権移転用書類・鍵の引渡し）後、通常は同日に、法務局に出向き、所有権移転登記・抵当権設定登記申請を行います。

　そのため、事前に、所有権移転・抵当権設定登記申請等に係る「委任状」を渡しておきます。

5）司法書士と話し、売主（現所有者）の住所が変更されていないか、「登記済証（権利証）」が紛失していないか、抵当権が抹消されていないかを確認する

　売買契約締結時や決済時など、売主の現住所が最新のものであるか、要注意です。

　不動産登記の住所が古いままで、「印鑑証明証」や「住民票」上の住所と合っていない場合には、住所変更登記をしたうえでないと所有権移転登記ができません。通常、事前に司法書士が確認しておきますが、失念していることもあり得ます。実際、バタバタになったことがありました。

　もちろん、自分自身についても、別件担保活用による追加融資受けや売却等があり得ることも想定し、印鑑証明証や住民票など、各登記簿謄本等の住所が最新になっているか、チェックしておくことが必要です。

6）司法書士は法務・不動産登記・商業登記等のプロ。いざというときに相談できる知り合いを増やしておく

　前述したように、司法書士は、弁護士同様、法務のプロです。業務的には、不動産登記や商業登記はもちろんのこと、少額訴訟や後見、民事信託業務にも詳しいです。不動産に関して言えば、通常、弁護士より詳しいと思います。

　弁護士は、一般的法理論には詳しいですが、不動産や金融については、あまり詳しくはありません。むしろ、不動産や金融業界特有のことについては、一般常識と異なりますので、理解しにくいようです。

　司法書士には不動産登記業務もありますから、その分、弁護士よ

りも不動産には詳しいです。不動産経営を行っている先生もおられます。できれば、そういった先生方と知り合いになっておくとよいでしょう。

　不動産経営を行っていれば、不動産売買時に金融機関や不動産会社等の紹介から、司法書士の知り合いが増えてくるものです。セミナーや勉強会、懇親会、士業の会などで知り合うことも多いです。

（参考）

「大家さん専門！税理士・司法書士 渡邊浩滋総合事務所」

https://www.w-sogo.jp/

～第6節～
税理士とうまく付き合うコツ

　通常、個人でも、法人でも、最大の経費は税金と言われています。税務をいかにコントロールするかで、不動産経営の成果も大きく変わってくるということです。

　例年であれば、所得税です。この所得税を圧縮すれば、翌年の住民税も圧縮できます。

　さらには、各種手当も、所得税に応じて決まってきます。低所得者手当、就学援助等です。2019年10月からの消費税増税（8％→10％）に伴う、住民税非課税者向け割安商品券販売も、そうです。奨学金等の制度も、この所得税がベースになります。

　幼稚園の費用もそうです。私の場合、サラリーマンの源泉徴収による所得税は、不動産経営の赤字化活用等による確定申告で全額還付を受けています。住民税も非課税です。

　そして、低所得者手当も受けています。幼稚園料は、本来、1人月5万円（最高額）のところ、2000円（最低額）で済んでいました。

　このような税務マインドに欠かせない人が税理士なのです。

1）不動産会社等から税理士を紹介してもらう

　最初のころは、税理士の知り合いもいないことでしょうから、不動産会社に紹介してもらいます。私の場合には、最初の物件を購入した後、確定申告時、不動産会社に税理士の先生を紹介してもらいました。

　税理士の先生に、「確定申告書」を作成してもらうのではなく、教えてもらいながら、一緒に作成していきました。そのおかげで、翌年からは、自分ひとりで確定申告書を作成できるようになりました。

2）税理士試験合格者税理士を活用する（税務署 OB は無試験組）

　税理士になる条件をご存知でしょうか。大きく2つあります。

　ひとつは、税理士試験に合格することで、税理士資格を取得できます。

　もうひとつは、税務署に一定期間勤めたらよいのです。この場合は、無試験で税理士になれます。

　なお、司法試験に合格すれば、税理士にもなれます。しかし、実務上、司法試験に合格しただけでは、税理士のノウハウは身に付きません。

　私たち不動産経営者がどういう税理士を選ぶべきかと言えば、もちろん、税理士試験に合格した税理士です。

　税務署 OB の税理士は税金を取る立場にいました。しかも、後輩は税務署員です。税金を節税する税理士の立場とは逆です。これでは、泥棒に、空巣対策を相談するようなものなのです。

なお、見分け方のひとつとして、経歴を調べるとよいでしょう。経歴については、ホームページや著書等のプロフィールで、ある程度、わかります。「税理士試験、大変だったのではないですか？」「選択科目は何だったのですか？」などと、それとなく、聞いてみるのもよいのではないでしょうか？

3）不動産経営に強い、自分でも不動産経営を行っている税理士を活用する

税理士は、一般的には不動産に詳しくはありません。

そもそも、税理士試験の必修受験科目は、「簿記論」「財務諸表論」で、その他は、選択３科目（「所得税法」「法人税法」「相続税法」など）の合計５科目です。その中には、もちろん不動産はありません。

以上を考慮すると、できることなら、自分自身でも不動産経営を行っている税理士の先生に仕事をお願いするほうがよいです。

なお、不動産経営を行っているかどうか等については、ホームページや著書等のプロフィールで、ある程度、わかります。

「不動産経営も行っておられるのですか？」などと、それとなく、聞いてみるのもよいのではないかと思います。

4）初年度の確定申告時に税理士と一緒に「確定申告書」を作成し、ノウハウを習得

不動産を購入し、賃貸に出したら、確定申告を開始します。その際、

税理士の先生に丸投げしないことです。それでは、自分自身のスキルにはなりません。

　税理士の先生に教わりながら、自分自身で理解しつつ、一緒に作っていきます。これができれば、翌年からは、自分ひとりでも確定申告書を作成できるようになります。

　昨今は、ソフトウェアが整備されており、入力エリアに入力しさえすれば、仕訳がわからなくても、財務諸表が読めなくても、財務諸表を作ることができるようになりました。

　しかし、できあがった財務諸表を見ても、その見方がわからないようでは困ります。

　そういったソフトウェアはあえて使わず、Microsoft Excel 等の表計算ソフトウェアを使って、自分自身で集計し、計算式等を駆使して財務諸表を作り上げていくことを、私はお勧めします。最初は手間暇が掛かり、苦労しますが、その一方で理解が深まるので、後で楽になります。

　最初は、税理士の先生に教わりながら、一緒に確定申告書を作りますが、次年度からは、自分ひとりで作成してみます。

　「守破離」という言葉があります。最初は、「守」。徹底的に、師と仰ぐ人の物真似をします。

　次いで、「破」。徐々に離れ、自分なりにカスタマイズしていきます。

　そして、「離」。自分なりの型を完成させ、師をも超えていきます。

５）税理士は、職業柄、灰色も黒色

　税法は、明確に合法（白）か、違法（黒）かに分かれる場合ばかりではなく、解釈の相違といって、判断が微妙に分かれる場合（灰色）も多いです。

　税理士は、職業柄、無難な線を進みます。その場合、あれも駄目、これも駄目となれば、経費のほとんどは認められないことにもなりかねません。

　また、何か問題が生じれば、責任問題になりかねません。ですから、灰色はほとんど黒になってしまいます。特に、先述したように、税務署上がりの税理士の場合には、税金を取る立場だったわけですし、後輩たちは税務署員です。どういうことになるかは、推して知るべしです。

　ある税理士の不動産経営セミナーに行ったことがありますが、不動産経営関連書籍も経費にはならないと言っていました。ところが、これは、通常、経費計上可能です。

　対処法としては、税理士に丸投げするのではなく、自分自身で考え、理論武装して、確定申告すればよいと思います。

６）税務署対応も、できれば自分でやる

　税務署対応も、できれば自分で行います。税理士にとっては、所詮は他人事です。結局、真剣に対応できるのは、自分だけだからです。自分で切磋琢磨して、対応していくのがベストです。

税務署員の中にも、丁寧に教えてくれ、ある程度、融通が利き、理解を示して、対応してくださる方もおられます。

ただ、大物の税務署 OB 税理士の場合、後輩の税務署員に顔が利くといった効果があるのかもしれませんが……。

7）税理士は、税務のプロ。確定申告・税務調査など、いざというときに相談できる知り合いを増やしておく

税理士は、税務や会計のプロです。確定申告や税務調査等、いざというときに相談できると、心強いものです。

したがって、不動産経営を通じて、不動産会社や不動産経営仲間からの紹介等で、税理士の知り合いを増やしておくとよいです。

余談ですが、私の講演を聴きにきてくださった方の中に、私と同姓同名の税理士の先生がおられました。わざわざご挨拶に来てくださったことでご縁をいただいたことがあります。

参考：トラブル事例紹介

■ 税務調査がやって来た！！

　私は、不動産経営は、個人で、青色申告（事業的規模）で行っています（法人化はしていません）。

①税務署からの呼出葉書
　不動産経営を行っていると、税務署から、呼び出しの葉書（「召集令状」）が届くことがあります。「聞きたいことがあるから、いついつ、税務署まで来い」といったものです。最初は、「何事だろう、監禁されて、カツ丼を出されて、『正直に吐け』などと脅されるのだろうか」と、心配になるものです（笑）。
　そういう場合には、まずは、電話をしてみることです。税務署員も人間です。単なる間違いや見落としも多く、電話で済む場合も多いです。私の場合も、以下のような事例がありました。

◎購入したのに、贈与受けと勘違いされ、贈与税の問い合わせを受けた
◎規模も小さく、赤字であるにもかかわらず、事業税・事業所税等の問い合わせを受けた
◎消費税課税事業者でないにもかかわらず、消費税の問い合わせを受けた
◎借入金利息については、2ページにわたって明細を添付していたが、2ページ目を見落とされ、借入金利息の合計が合わないとの問い合わせを受けた
◎「0」のところをブランクにしていたところ、「0」と記入しておいてくださいと言われた

税務署員の間違いや勘違い等も多く、いずれも電話で済んだものです。

安易に、いきなり税務署に行けば、いらぬ詮索を受けるかもしれませんし、そもそも勤めがあれば、平日に有給休暇を取っていかざるを得ません。

②税務署からの問い合わせレター

ところで、昨今では、税務署からの問い合わせレターが届くこともあります。私にも数回来ました。私の事例や知り合いの事例、税理士の先生の談などから察するに、使途が不明確なものが100万円以上ある場合などにおいて、問い合わせレターが届いているようです。例えば、「その他費用」などです。

所定用紙だと、欄の数が限られており、どうしても、マイナーな勘定科目等は集約して、「その他費用」として集約せざるを得ず、結果、100万円以上になったりしがちです。

そこで、添付別紙を付け、細かく明細を書き、「その他費用」が100万円以上にならないようにしたところ、それ以降、来なくなりました。

③税務調査受け（1回目）

それでも、税務調査に入られたことが2回あります。

1回目は、2006年ごろのことです。平日の午前中、自宅まで来られました。各種関連書類やパソコンのデータ等を見られました。各種関連資料については、いったん、税務署に持ち帰られました。

結果的には、礼金か更新料か、1件、5万円程度、うっかり、入力ミスがあり、それを指摘されました。故意的なものではなく、うっかりミスでしたので、過怠税等は取られず、追徴・延滞税のみで済みました。結果的には、「お土産」程度で済んだ形となりました。

後で、「何でうちに来られたのでしょうか？」とお聞きしたところ、「急に規模が大きくなったので、来てみました」とのことでした。以前は区分所有マンションのみでしたが、税務調査の前年は、一棟アパートの新築を2件、やっていたのです。

④税務調査受け（2回目）

2回目は、2017年ごろのことです。1回目の税務調査から10年ほど経過したからでしょうか？　理由は、よくわかりません。前回同様、平日に、自宅まで来られました。

前回同様、各種関連書類やパソコンのデータ等を見られました。各種関連資料については、いったん、税務署に持ち帰られました。

争点となったのは、土地・建物の比率でした。建物については減価償却費対象になります。

また、不動産所得が赤字の場合には、支払金利中、土地分については経費計上できません。したがって、早期経費計上・節税するためには、建物の比率が高いほうが有利なのです。調査対象期間は、通常は3年間です。

建物の比率が高過ぎるということで、修正の方向でしたが、結果的には、赤字幅が大き過ぎ、納税額ゼロには変わりなさそうでした。

しかし、その後、「税務署内の起案中に変更となった」とのことで、調査期間を5年間とされたうえに、建物比率を少なめに修正。結果、数十万円程度の納税になりました。所得税の納税・延滞税、それに伴い、住民税の納税や延滞税と、結構、痛いものです。

⑤税務調査で何を見られるか？

税務調査においては、各種関連書類やパソコンのデータなどを見られます。

「重要事項説明書」や「売買契約書」「各種領収証」「ローン支払表」「賃

貸借契約書」「家賃送金明細書」「預貯金通帳」などです。これらを総合的・網羅的にチェックされます。矛盾点や漏れ、二重計上などがあるとわかるものです。

　ただ、時間に限りがありますので、やはり、大きいところが争点になります。先述した、土地や建物の比率、自宅や事務所の比率などです。

　勘定科目で言えば、「減価償却費」や「支払金利」などのほうが注目されやすいです（その理由は、金額が大きいからです）。

　そのほかで、金額も比較的大きく、チェックされやすいものとしては、「支払手数料」や「業務委託費」「諸雑費」などがあります。

（参考）
「大家さん専門！税理士・司法書士 渡邊浩滋総合事務所」
https://www.w-sogo.jp/

～第7節～
弁護士とうまく付き合うコツ

弁護士は、法令のプロです。司法試験では、いわゆる六法（憲法や民法、刑法、商法、民事訴訟法、刑事訴訟法）を勉強します。

弁護士には、トラブルに巻き込まれたときに相談に行きます。

私も、先述した悪徳金融機関や悪徳不動産会社のトラブルで、弁護士を起用しました。何度も紹介している6000万円の損失を被らされたときのことです。

1）裁判は、時間と金の無駄

裁判というものは、勝とうが負けようが、弁護士の着手金だけで、何百万円も取られます。そして、裁判ともなれば、何年あるいは何十年もかかります。儲かるのは、弁護士と裁判所だけです。

弁護士は、法令には詳しいかもしれませんが、不動産業界・金融業界のことには詳しくはありません。勝っても、負けても、儲かるのは、弁護士と裁判所だけです。当の本人は、馬鹿を見るだけです。

裁判目的で弁護士と付き合っても、不動産経営者にとってよいことはありません。このことは覚えておいて損はないと思います。

弁護士にとっては、所詮は他人事です。最終的には、自分自身で主体的にやるしかないと思います。

　依頼者は、有利なことでも、不利なことでも、いったん弁護士にはすべてを話します。

　それらに基づき、弁護士は、通常、不利となることは避け、有利となることだけを選別したうえで、証拠書類や口頭弁論等の材料にします。

　したがって、できれば本人から直接ではなく、いったんは弁護士経由で言わせようとします。弁護士に言わせれば、そういった考えとのことです。要は、裁判所では、原則として、本人が直接喋るのではなく、いったん、弁護士を介して喋ったほうがよいという発想です。

　そうしないと、感情的になったり、誘導尋問にひっかかったりして、自分に不利なこともうっかりと喋ってしまいかねないからです（本人による口頭尋問の場合は別です）。

　しかし、弁護士が持ち込まれた案件について十分に理解していない場合、適切な対応ができないこともあります。先方に有利な行動や発言をすることすらあります。

２）先方が喧嘩を売って来たときには応戦せざるを得ない

　こちらが真面目に生活していても、おかしい人が訴えてきたら、応戦せざるを得ません。

　不動産経営においても、悪徳金融機関や悪徳不動産会社に限って、悪徳弁護士が付いていて法の抜け道を突いたような手口で襲いかかってきます。

裁判所まで騙したり、グルにしたりします。こちらでコントロールすることは難しく、現実的に様子を注意深く見守るしかありませんが、それでも、注意するに越したことはありません。裁判所や裁判官と利害関係がないかとか、裁判所や裁判官にとって、どちらに有利な判断をしたほうが得だと考えているのか（通常は、「長いものには巻かれろ」です）とか、普段の雑談から、注意して聞いておきます。

　S銀行の悪徳弁護士は、「もしS銀行が敗訴するような判断をしようものなら、先例（判例）となって、違約金や仲介手数料等が取れなくなり、多くの不動産会社・金融機関がトラブって困ることになる」などと、裁判官に向けて脅迫まがいのことまで言っていました（今となっては、氷山の一角であるS社・S銀行事件が明るみに出て、不動産業界や金融業界の実態が暴露されてしまいましたが……）。もっとも、地裁によれば、当方が負けたのは「フルローンやオーバーローンはそもそも違法なことであって、保護に値しないから」とのことだそうです。融資ドタキャンも許されるとのことだそうです。このほうが、不動産経営者にとって、おかしなこととなります。

3）不動産経営に詳しい弁護士を活用する（弁護士は、世間や不動産、金融には詳しくない）

　先述したように、通常、弁護士は、不動産や金融に詳しくはありません。不動産業界や金融業界は変わった業界で、通常のリーガルマインドが通用しない場合も多いからです。

　例えば、通常のリーガルマインドでは、双方代理や利益相反行為は禁止されています。

　しかし、宅建業法では、不動産会社は、売主・買主、貸主・借主双

方の仲介（両手）も可能とされています。そのため、両手手数料狙いで、「囲い込み」といって、売り物件・貸し物件情報の公開をせず、自分で抱え込むことも横行しています。双方代理ですから、トラブルになったときには利益相反になります（以下、参照）。

　また、リーガルマインド的には、「契約というものは対等な立場で、双方で署名捺印するもの」となっていますが、金融機関は強い立場にいますから、そのバランスが崩れることもよくあります。

◆通常（片手取引）

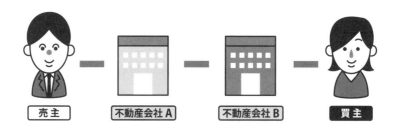

◆双方代理（両手取引）

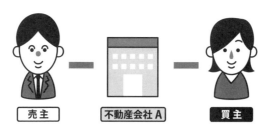

例えば、「金銭消費貸借契約書」においては、通常、借主だけに署名捺印させ、提出させます。そして、控えだけを渡します。金融機関が署名捺印したものを受け取るのは、通常、ローン返済が終わったときです。そして、いざトラブルになると、「そちらが勝手に署名捺印しただけで、金融機関は知らない」などと言ってきます。

　以前は、司法試験の合格者の平均年齢は30歳前後、平均勉強期間は10年間弱とも言われていました。ひたすら、勉強漬けのため、世間知らずの方も多いものです。

　不動産経営者としては、なるべく、不動産や金融に詳しい弁護士を起用することに尽きます。

　なお、弁護士が不動産や金融に明るいかどうかは、ホームページや著書のプロフィールなどからも、ある程度はわかります。

　どの業界、もしくは、どの企業の顧問をしているかといったことも、参考になります。インターネットの評判の書き込みも参考になります。直接、専門分野を聞いてみるのも手です。

 4）利益相反となる弁護士（不動産会社や金融機関）は避ける

　弁護士を起用するときには、利益相反となる弁護士は避けるべく、気をつけることです。

　例えば、当方が依頼する弁護士が宅建協会の顧問弁護士で、宅建協会に当該訴訟相手の不動産会社が加入している場合などです。こういうケースでは、自分が顧問をしている宅建協会の会員不動産会社の立場に立つ可能性が高くなります。

　なお、この手のことは、ホームページや著書のプロフィール等から

も、ある程度わかります。どの業界、どの企業の顧問をしているかも参考になります。あとは、直接、聞いてみるのも手です。

5）着手金は少なめに、成功報酬を多めにする（敗訴しても、着手金は取られる）

弁護士費用には、通常、着手金と成功報酬があります。

一般的に、着手金は委任時に支払います。勝とうが負けようが、支払う費用です。

一方、成功報酬は、勝った場合のみ、利益の1割程度を支払うのが普通です。負けた場合には、支払いは不要です。

したがって、着手金については、できるだけ少なめに支払う方向で考えておくと、後々、困りません。

6）お礼の気持ちを込めて、お中元・お歳暮を送付する

弁護士の先生等には、普段お世話になっているお礼に気持ちを込めて、盆暮れにはお中元やお歳暮等を送付します。

また、訪ねるときには、お土産やおやつ等を持参するといいでしょう。相手も人ですから、うれしいと思います。

このあたりは、弁護士に限らず、誰と付き合ううえでも必要なことだと思います。

協　力

7）弁護士は、法務のプロ。いざというときに相談できる知り合いを増やしておく

　何度もお話ししているように、弁護士は法令のプロです。したがって、法務トラブルになったり、「配達証明付き内容証明郵便」を受領したり、調停や訴訟等、法的手続きになったときには、弁護士に相談したほうが早いです。

　不動産経営者としては、いざというときのために、弁護士の知り合いを増やしておきます。

　通常、弁護士の知り合いなど、身近にいない場合のほうが多いでしょう。その場合には、不動産会社や金融機関、不動産経営者仲間、他の先生（司法書士・税理士等）から紹介してもらいます。このとき、できれば、ご自身でも不動産経営を行っている弁護士の先生がよいです（不動産経営に詳しいかどうかの調べ方は同じです）。

　もちろん、当該不動産会社や金融機関とトラブルになりそうな場合には、そこからの紹介はいけません。その場合には、不動産経営者仲間に、良い弁護士を紹介してもらうのも手です（トラブル事例は、なかなか表に出にくいものではありますが）。

　士業においては、それぞれの専門分野があり、分業となっています。それ故に、横のつながりがあり（＝他の資格の知り合いが多く）、お互いにお客さん（委任者）を紹介し合っているものです。

　士業についても、金融機関と同様、紹介のほうがスムーズです。昨今では、司法試験コースだけでなく、ロースクールコースもできた関係で、弁護士も大量生産されています（昔は年間500人程度だったのが、昨今では、数千人にまで増えています）。

　弁護士というと、高給取りのイメージがありますが、昨今では、企

業内弁護士が流行ってきたりなど、仕事も少なく、大変なようです。
悪徳弁護士が跋扈するのも頷けます。

(参考)
「賃貸事業トラブルに強い弁護士　鷲尾　誠先生」
https://www.rakumachi.jp/news/archives/author/washio

第**5**章

不動産経営仲間の
付き合い方

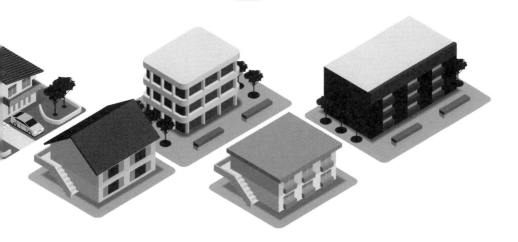

～第1節～
不動産経営を他言しないことが
サラリーマンとして
やっていくためのコツ

　不動産経営については、勤め先には、言わないほうがいいです。
副業ではないかとか、あらぬ言いがかりを受ける恐れがあるからです。

　ただし、判例上では、「副業には該当しない」と判断されると思われます。

　勤め先が問題視するのは、ライバル企業に勤めて機密情報を漏らすこととか、肉体労働のあまり、疲れ果てて、遅刻や居眠り、早退、休みが多くなるなど、業務に支障が出る場合です。

　不動産経営については、預貯金や外国為替、貴金属、株式投資などと同様、資産運用の一環です。

　普通の人でも、転勤や親との同居、相続など、やむを得ず、賃貸に出さざるを得なくなり、結果的に、不動産経営にならざるを得ない場合は、よくあるものです。

　私の勤め先では、不動産部門もありますので、不動産経営のセミナーもやっています。そして、不動産所得等の確定申告のときは、ネットからの「源泉徴収票」ではなく、原本を使用することなど、不動産所得がある場合も想定しています。建前上は、そういうこととなってはいますが、あらぬ疑いをかけられないようにしておいたほうが無難です。

　また、「そんなことをやっているから、仕事がいい加減なのだ」とか、嫌みを言われるかもしれません。

サラリーマンは、自分と違ったことをやる人を嫌う習性があります。

　そして、皆で貧乏すれば怖くないという考え方を持っている人もいます。「自分よりも羽振りがいい」と見られると、妬まれたり、たかられたりするのがオチです。自分よりも格下や年下の羽振りが良かったら、良い気持ちはしないのでしょう。

　以上のことから、不動産経営のことは、勤め先では言わないほうがよいと思います。

～第2節～
不動産経営仲間との知り合い方

　不動産経営においては、不動産経営仲間との付き合いも、非常に重要です。

　不動産会社や金融機関などにおいては、WIN‐WINの関係が理想ではありますが、あくまでも利益を追求する組織である以上、利害が相反する場合が多いのも事実です。悪徳企業もあります。

　一方、不動産経営仲間は、利害が相反しない共同体的な面（例えば、一緒に切磋琢磨し、不動産経営スキルをアップさせる、不動産や金融関係の情報交換をする、相談し合うなど）もあります。

　優良物件の場合、「競合するのでは？」と考える人も稀にいますが、供給過多の昨今、不動産物件は無数にありますので、それは考え過ぎだと思います。

　また、不動産経営初心者の中には、「（他の方々と比べて）出遅れているから不利ではないか」と感じる人がいるかもしれませんが、普通は、サラリーマン大家など、自分と同じ境遇で少し前を走っているような人が、当面の目標（参考）になるはずです。凄腕の大家さんを相手にするわけではありませんから悲観的にならなくても大丈夫です。

　不動産経営においては、自分以外の不動産経営者が敵（競合者）になる場合もありますが、物件情報の交換など、普通は仲間として付き合う時間のほうが多いです。

本節では、そんな "不動産経営を続けていくうちに増えてくる同業者（不動産経営仲間）" について、紹介します。

1）ブログ等で情報発信。他の不動産経営者のブログを閲覧

まずは、ブログ等で情報発信をします。その際、問い合わせ先コーナーなども作っておきます。

情報発信すれば、情報も入ってくるものです。続けていくうちに不動産経営仲間もできてきます。

不動産経営仲間のみならず、不動産会社や金融機関、出版社などから連絡が来ることもあります。コラム執筆や講演、出版依頼につながることもあります。

逆に、他の不動産経営者のブログも閲覧します。自身の不動産経営のみならず、ブログを書くうえでの参考にもなります。ブログ内容が気に入った場合には、コメント等を発信して、連絡してみるのもいいです。

2）コラム執筆をする。他の不動産経営者のコラムを閲覧する

コラム執筆の依頼が来たら、積極的に対応します。

コラムには、通常、コメント記載欄があるものです。そのシステムを利用すれば、お互いに、情報やノウハウを交換することも可能です。コラムから、講演や出版依頼が来ることも多いです。

逆に、不動産経営者のコラムも閲覧します。自分の不動産経営コラム作りの参考にもなります。気に入った場合には、コメント等を発信して、連絡してみるのもいいです。

3）講演をする・他の不動産経営者の講演に参加する

　講演依頼が来たら、積極的に対応します。聞きに来てくださった方々とも知り合えます。

　講演は、通常、こちらから情報やノウハウを提供するものですが、逆に、情報やノウハウをいただけることもあります。

　講演で地方に呼ばれることが多いのですが、そのときには講演先のエリアの情報をいただけることがあります。

　名古屋駅そばには、一棟アパート3棟を所有していますが、近隣のその筋系の情報などを教えていただいたことがあります。

　逆に、不動産経営者の講演に参加することもあります。自分の不動産経営や講演のネタ作りの参考にもなります。

　講演内容が気に入った場合には、挨拶に行ったり、連絡してみるのもいいです。講演後の懇親会がある場合には、私は積極的に参加しています。

4）出版をする

　出版依頼が来たら、積極的に対応します。

　出版すると、一挙に、ステージやステータスがアップします。コラム執筆や講演、出版依頼も増えてきます。不動産経営者の認知度もアップします。

5）懇親会に参加する

　講演会後の懇親会や出版記念懇親会、不動産会社の懇親会、不動産情報機関（楽待・健美家等）の懇親会、出版社の懇親会など、各種懇親会などには、積極的に参加します。

著名な不動産経営者も含め、不動産会社や金融機関、損害保険会社、各種士業の先生、出版関係者など、多くの出会いがあります。

6）不動産経営以外の趣味等の話などもする

　不動産経営以外の趣味などの話もしてみましょう。印象に残りやすいですし、趣味が合う場合も多いです。

　私の場合も、不動産経営を通じて知り合った不動産会社や不動産経営者仲間が、カラオケやテニス仲間に発展しています。

コラム：勤め先以外の人脈やスキルも形成する

　サラリーマンは、朝から晩まで、勤め先の仕事で追われています。1990年前のバブル時などにおいては、24時間365日勤務といった状況でした。勤めで残業や深夜勤務、朝帰り、休日出勤などは当たり前でした。

　昨今では、「ワーク・ライフ・バランス」「働き方改革」といったことが言われ始めましたが、昔は、そんなことを口走ろうものなら、「非国民」「非社民」などと罵られたものです。

　私は、多趣味なほうで、時間も大切にしたい考え方でしたが、先輩や上司などに「そんな考え方では駄目だ」と、よく怒られていたものです。「すべては、会社のためであって、休日も、体を休めるだけのためであって、会社の仕事のことだけを考えて、会社の仕事だけをするのだ」「クラブ活動等禁止だ」などと、言われていました。

　当時は、テニス部やスキー部、囲碁部、将棋部に入っていました。いくらか議論はしましたが、所詮、価値観自体が違うものでした。

　「勤務時間以外で、自分の趣味に時間を使うのは、自由ではないでしょうか？」と言うと、「俺がお前をどう評価するのかも、俺の自由だ」と言われました。「未来と自分は変えられますが、過去と他人は変えられません」と、議論しても無駄だと理解しました。適当にあしらって、「はい、はい」と言って、テニスやスキーなども続けていました。毎週月曜日の朝になると、真っ黒な顔をして、目にはゴーグルの跡を

付けて出社していたものです。

　このように、サラリーマンというものは、通常、自分の勤め先だけの狭い世界で生きています。自分の勤め先の知り合いだけです。

　一昔前は、社内結婚が4割、うち半分は自分のアシスタントでした。配偶者も社内の人間です。

　女性の採用基準も、昔は、現役（浪人しない現役大学入学）や自宅通勤、コネありだと聞いていました。男性の花嫁候補だったようです。

　実質勤務年数も、女子短大卒は4年間、女子大卒は3年間が目安と聞いていました。その間に、旦那さんを見つけなければならないのでした。

　家にまで仕事を持ち込むのは嫌なものです。会社で身につけたスキルも、自分の勤め先だけで通用するものばかりです。他の会社に行ったら通用しません。

　特に、大企業のサラリーマンは要注意です。従業員が1万人いたら、1万分の1の歯車の仕事をしているわけで、全体像はわかりません。大企業ということだけで、サラリーマンの中では比較的安定していると思い、勉強もしなければ、お金を貯めようともしない傾向があるように見られます。そして、なまじ、大企業の従業員ということで、変なプライドもあり、他の会社では使いにくいこともあるようです。上司との面談では、ゴルフをして、朝晩送り迎えをし、ゴマすりをしないと駄目だと、皆に言っていたようです。

　しかし、そこまでしても、上司と馬が合わなければ、減給やリストラもあり得ます。どんな大企業でも、最悪、倒産す

る怖れはゼロではありません。

　我々としては、勤め先だけの狭い世界に閉じこもることなく、広い世界に目を向けるべきです。人脈しかり、スキルしかりです。定年になると、勤め先の付き合いも、原則、なくなります。勤め先限定の人脈やスキルも役立ちません。60歳過ぎの定年後も想定して、幅広い、人脈やスキルを形成しておくべきです。

　なお、先述したように、勤め先では、不動産経営の話はしないほうがよいです。勤め先の者同士で傷を舐め合って、上司や会社の愚痴を言い合っている暇があったら、その分、不動産経営仲間と、大いに話しましょう。

　自分の年収は、友達の平均年収という統計があります。通常のサラリーマンのように、ぬるま湯につかって、傷を舐め合ってつるんでいると、自分自身も貧乏で終わってしまいます。

　金持ちになりたければ、金持ちと知り合い、金持ちに憧れ、金持ちのことを理解することです。

付録 1

パートナー会社
選定チェックシート

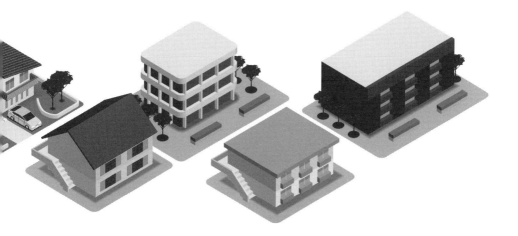

付録1で紹介する資料の概要

【不動産会社選定】

◎不動産会社会社選定チェックシート

　不動産会社選定に関するマニュアルです。

【金融機関選定】

◎金融機関攻略チェックシート

　不動産経営における車の両輪とも言える、物件選定・資金調達のうち、資金調達に関するマニュアルです。金融機関選定・活用等に関するマニュアルです。

【保険会社選定】

◎保険会社選定チェックシート

　不動産経営における3本柱（家賃収入・保険機能・節税機能）のうち、保険会社（生命保険会社・損害保険会社）選定・活用等、保険機能に関するマニュアルです。

【士業選定】

◎士業選定チェックシート

　宅地建物取引士・司法書士・税理士等、士業の選定・活用等に関するマニュアルです。

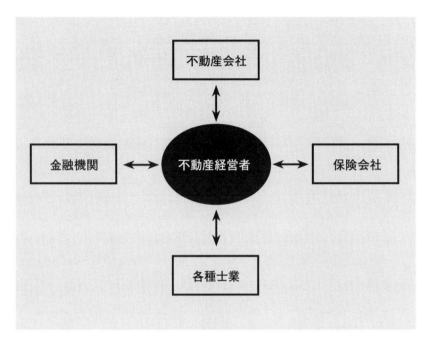

初期のころから、この関係を良好に保つには
わかりやすいチェック項目があると便利！

◆不動産会社選定チェックシート

チェック項目	確認方法	チェック
業歴が長いか	・ネット（ホームページ等）で、創業年、業歴を確認する ・宅地建物取引業番号の後の（ ）の数字で確認する	
提携金融機関があるか	・ネット（ホームページ等）で、提携・取引金融機関を確認する ・問い合わせの段階で、「提携・紹介金融機関はありますか?」と質問する	
事務処理は迅速か	・物件情報等を問い合わせ、回答状況を確認する ・「仲介契約書」「重要事項説明書」「売買契約書」「建築請負契約書」「建物・賃貸管理契約書」「賃貸借契約書」など、手続きは迅速か、確認する	
リピート率が高いか	・ネット（ホームページ等）で、リピート率を確認する ・問い合わせの段階で、「リピート率はどれくらいですか?」と質問する	
口コミでお客さんが来ているか	・問い合わせの段階で、「お客さんはどういうルートから来ますか?」と質問する	
ワンストップ会社かどうか （設計・施工・販売・仲介・建物管理・賃貸管理等）	・ネット（ホームページ等）で、業態を確認する ・問い合わせの段階で、「業態（設計・施工・販売・仲介・建物管理・賃貸管理等）は何ですか?」と質問する ・問い合わせの段階で、「今後、建物管理・賃貸管理もやっていただけるのでしょうか?」と質問する	
しつこい電話営業はないか	・問い合わせの段階で、「お客さんはどういうルートから来ますか?」と質問する ・問い合わせ後のフォロー状況を確認する	
メリットだけでなく、デメリットも言ってくれるか	・売りっ放しではなく、建物管理・賃貸管理まで意識しているか? ・一元客ではなく、リピーターとして意識しているか?	

チェック項目	確認方法	チェック
三為業者・他人物売買・中間省略登記ではないか	・売主は、現所有者か?	
購入シミュレーションに不動産取得税も考慮しているか	・購入時シミュレーションでは、忘れたころやってくる不動産取得税も考慮しているか?	
運用シミュレーションに、固定資産税・都市計画税等も考慮しているか	・運用時シミュレーションでは、例月の建物管理費・賃貸管理費・修繕積立金・支払ローン等のみではなく、年間等の固定資産税・都市計画税も考慮しているか?	
運用シミュレーションに、修理費・リフォーム費用、空室率、家賃下落・金利上昇等も考慮しているか	・運用時シミュレーションでは、定常的な、例月の建物管理費・賃貸管理費・修繕積立金・支払ローン等、年間等の固定資産税・都市計画税だけでなく、ある程度、スポット的な修理費やリフォーム費用、空室、家賃下落、金利上昇までも考慮しているか?	
媒介手数料両手(売主・買主)狙いではなさそうか	・売主側宅地建物取引業者(宅建業者)と買主側宅建業者は別業者か? ※本来、「双方代理」は利益相反で原則禁止だが、日本の宅地建物取引業法では認められているので要注意	
書類偽造はされていないか	・個人属性(「源泉徴収票」「預貯金通帳」「所有株明細書」「健康診断書」等)、物件属性(「レントロール」等)、売買取引関係(「重要事項説明書」「売買契約書」「手付金領収証」等)は、原本を金融機関(複数者)に直接手渡しを旨とし、コピーを不動産会社(1人)経由としていないか? ・万一に備え、録音や電子メール、書類など、証拠保全をしているか?	
手付金の事前受領・分割受領・貸与はないか	・「重要事項説明書」「売買契約書」締結後、手付金交付としているか? 事前に交付していないか? ・手付金は、一括で交付しているか? 分割交付していないか? ・手付金は、不動産会社から貸与されていないか?	

◆金融機関選定チェックシート

項目	
金融機関の探し方	不動産会社紹介提携金融機関
	不動産経営仲間等の紹介
	自分の取引金融機関
	飛び込み
金融機関等の区分	国や地方公共団体等
	政府系金融機関（日本政策金融公庫等）
	都市銀行
	地方銀行
	信用金庫や信用組合
	外資系
	生命保険会社
	メーカー系等
	ノンバンク
	カード会社
	サラ金や闇金
選定基準	スピード
	融資割合
	融資期間
	金利

備考	チェック
不動産会社・金融機関の関係が強くお互いシステム・物件にも精通しやすく早い。優遇金利もあり。悪徳不動産会社・悪徳金融機関には要注意	
一見さんよりスムーズ	
ある程度自分と馴染みの取引金融機関ができたらそこを活用する	
一見さんは難しいが、最後の手段	
教育ローンなど、金利なしもある。借りやすく、固定金利、低金利、無担保。短期間	
女性や若年者、高齢者、新規開業者でも借りやすい。優遇金利。固定金利。低金利。短期間。リフォームでも活用可	
低金利。属性要求が高く、融資割合は低い場合も多い	
原則地域密着だが、全国展開もあり。悪徳金融機関もあるので要注意	
地域密着・エリア限定。全国展開の場合には、利用しにくい	
ノンリコース（不遡及型）ローンも一時あり	
全期間固定金利・低金利。現在はあまりない	
リフォーム会社提携	
対象物件・融資期間などで融通がききやすい。定期預金・定期積立金は取られない。金利は高め	
高利回りの物件やリフォームなどでは活用できなくもない。金利は高い	
利用不可。信用毀損にもなる	
特に売り手市場時、優良物件を割安価格で購入する場合にはスピードが重要	
借入金を活用し自己資金を温存しておく場合には融資割合は重要	
例月のローン支払を減らしキャッシュフローを厚くするには融資期間を長目にすることが重要	
金利は低いに越したことはない	

項目	
	その他条件（連帯保証・連帯債務、共同担保、定期預金・定期積立金等）
資金調達の区分	固定金利
	変動金利
	元利均等払い
	元金均等払い
	リコース（訴求・無限責任型）ローン
	ノンリコース（不遡及。責任限定型）ローン
	団体信用生命保険（団信）あり
	団体信用生命保険（団信）なし
	パッケージ型ローン
	事業用プロパーローン
金利引下げ	同一金融機関
	他金融機関への借換え
繰り上げ返済	
完済	

備考	チェック
その他条件はなるべくなら断る	
金利上昇リスクがない。低金利時は、固定金利で固めておくほうが無難。金利は高め	
高金利時は変動金利で金利低下メリットを享受する。金利は低目	
ローン返済額（支払金利＋元本返済）は一定で資金計画しやすい	
当初の支払金利やローン返済額が高いと、資金繰りが大変になる	
残債未満で売却する場合には、追加資金投入が必要	
物件を手放せば残債やローン返済はなくなる。欧米では主流	
死亡時や高度障害時には、残債やローン返済がなくなり、家賃がほとんど残る。	
金利が低めになる場合がある。借入期間が長めに取れる。相続税を圧縮しやすい	
早い。間便	
借入総額の枠や年齢制限(返済期限80歳等)がなくなる。低金利・融資期間長め	
他金融機関からの借換えや新規案件も抱き合わせ。金利引き下げ交渉	
金利差（1％以上）、残存期間(10年間以上)、融資残高（100万円以上）などの場合、検討の余地あり 旧金融機関違約金、新金融機関融資手数料、収入印紙代、抵当権抹消・設定費用、司法書士報酬等が必要 金融機関にシミュレーションを頼む	
返済金額低減型や融資期間圧縮型がある 借入は「お宝」なので、繰上返済はしないで、念のため、手元に資金は置いておく 借入金減額による共同担保抹消など、事情があれば例外	
抵当権は抹消しておく 時間が経つと、抵当権抹消必要書類廃棄や金融機関合併、倒産などもある。その場合、手続きが大変になる	

◆保険会社 選定チェックシート

チェック項目	確認方法	チェック
共通		
金融機関の紹介か	金融機関の条件にマッチしているか確認する	
生命保険：団体信用生命保険（団信）		
団信は付保できるか	融資金額や期間、金利等の条件を確認する（通常、完済時80歳まで）	
保険金支払条件はどうか	死亡・高度障害以外の3大疾病（癌・脳卒中・心臓病）等でも支払対象となるものか確認する	
健康診断は適切か	健康診断を確認する（5000万円未満は書面告知、5000万円以上は要健康診断）	
損害保険		
各種保険タイプが用意されているか	火災保険や地震保険、第三者損害賠償責任保険、シロアリ保険、事故保険（自殺等）等、ワンストップで申し込めるか、確認する	
各種タイプが用意されているか	各種タイプを提案の上、メリット・デメリットも言ってくれるか確認する	
水漏れはカバーされているか	水漏れは免責になっていないか確認する	
提案は適切か	・北海道等降雪地においては、第三者損害賠償責任保険（落雪による対人・対物リスク等）も考慮しているか確認する ・博多等温暖地においては、シロアリリスク等も考慮しているか確認する	
保険期間の選択はどうか	保険期間は、長期間設定可能か確認する（地震保険は5年間まで）	
代理店はどうか	保険金支払状況はどうか確認する（水漏れは、寒冷時の突発的事故でも、経年劣化として保険金不払いの会社もある）	
更新案内は適切に来るか	更新案内は適切にくるか確認する	
合併を繰り返していないか	更新案内は適切にくるか確認する	

◆士業会社 選定チェックシート

チェック項目	確認方法	チェック
業歴が長いか	ネット（ホームページ等）で、業歴を確認する	
試験組か	試験組か、無試験組か確認する（司法試験合格による税理士、税務署OBの税理士等の無試験組あり）	
金融機関の提携士業か	・金融機関の提携士業か確認する。金融機関の提携士業（司法書士・土地家屋調査士等）の場合、迅速・スムーズ ・ただし、金融機関とトラブった場合（融資ドタキャン等）には、不利（特に、弁護士等）	
不動産会社の提携士業か	・不動産会社の提携士業か確認する。金融機関の提携士業（税理士等）の場合、迅速・スムーズ ・ただし、不動産会社とトラブった場合（手付金不返還、違約金・仲介手数料等請求等）には、不利（特に、弁護士等）	
事務処理は迅速か	回答、事務処理等は迅速か確認する	
評判はどうか	ネット、不動産会社、金融機関、不動産経営仲間等から、評判を確認する	
ワンストップ士業かどうか	・司法書士兼税理士等、兼業ではないか確認する（兼業の場合、ワンストップで済む） （参考）大家さん専門 税理士・司法書士【渡邊浩滋総合事務所】 http://www.w-sogo.jp/	
自分でも不動産経営を行っているか	自分でも不動産経営を行っているか確認する（自分では不動産経営を行っていない場合、不動産・金融等には詳しくない場合が多い）	
各種方式につき、メリットだけでなく、デメリットも言ってくれるか	各種方式につき、メリットだけでなく、デメリットも言ってくれ、最終的には自分で判断するようにしてくれるか確認する（特に、税理士、弁護士等）	
利害関係はないか	利益相反になっていないか確認する（特に、弁護士等）	

付録 2

不動産経営をするなら知っておきたいチェックポイント

付録2で紹介する資料の概要

◎リフォーム会社の見つけ方

　具体的なリフォーム会社の見つけ方・活用の仕方のマニュアルです。

◎投資可否判断チェックシート

　物件選定・資金調達など、不動産取引における投資可否判断の際のざっくりとしたチェックシートです。

◎一等地物件選定ポイント

　不動産経営における車の両輪とも言える、物件選定・資金調達のうち、物件選定に関するマニュアルのひとつです。物件選定において最重要となる立地や環境に焦点を当てた、一等地物件選定における具体的なポイントです。

◎現地調査時チェックリスト

　不動産経営における車の両輪とも言える、物件選定・資金調達のうち、物件選定に関するマニュアルのひとつです。物件選定における、現地調査の具体的なチェックリストです。

◎節税　加藤隆流納税0円㊙マニュアル

　不動産経営における3本柱（家賃収入・保険機能・節税機能）のうち、節税機能に関するマニュアルです。やり方によっては、所得税や住民税ゼロにできます。

◎不動産経営指標

　物件選定や資金調達など、不動産取引における投資可否判断の際に役立つ詳細な指標です。

◎不動産売買契約書チェックポイント

　物件選定や指値交渉後の「売買契約締結時」に結ぶことになる「売買契約書」の具体的なチェックポイントです。

◎物件チェックポイント

　不動産経営における車の両輪とも言える、物件選定・資金調達のうち、物件選定に関するマニュアルのひとつです。物件選定における具体的なチェックポイントです。

◎財務分析管理表

　会社（不動産会社・金融機関・保険会社等）選定、および、自分自身の財務内容・損益・資金繰りの分析において役立つ財務分析管理表です。

◎指値交渉トークスクリプト

　物件選定後、具体的な指値交渉の際に参考になるトークスクリプトです。

◆リフォーム会社の見つけ方　チェックシート

項目			備考
修理	緊急を要するもの	鍵、電気、瓦斯、水道（水漏れ等）、トイレ、エアコン等	建物管理・賃貸管理会社経由迅速に対応する
	緊急を要しないもの	棚、鏡等	場合によっては相見積もりを取る。値引き交渉をする
リフォーム	急ぐ時期	入居シーズン（3月・9月等）	建物管理・賃貸管理会社経由迅速に対応する
		空室前に次の入居者が決まっている場合	建物管理・賃貸管理会社経由迅速に対応する。
	急がない場合		・場合によっては相見積もりを取る ・値引き交渉をする ・おまとめ割引も活用する
修理・リフォーム会社	建物・賃貸管理会社（グループ会社）		迅速・便利だが割高。グループ会社の場合も割高
	建物・賃貸管理会社の紹介		キックバック（紹介料）を受けていたり割高
	自分の付き合いのある会社		融通が利きやすい
	自分でセルフリフォーム		・手間暇がかかり出来栄えもいまいち ・エリア・規模の拡大も困難で経営者にはなりにくい。特に、サラリーマンにはお勧めしない

◆投資可否判断　チェックシート

項番	指標	計算式	目安	備考
1	表面利回り	年間家賃÷物件価格	7.5％以上	物件のみを判断
	実質利回り	（年間家賃－保有時諸経費）÷（物件価格＋購入時諸経費）		
		※保有時諸経費：建物管理費・賃貸管理費・修繕積立金、固定資産税・都市計画税等		
		※購入時諸経費：仲介手数料、収入印紙代、融資手数料、所有権移転・抵当権設定登録免許税、司法書士報酬等		
	厳し目利回り	※購入時諸経費：リフォーム費用も織り込む		
		※年間家賃；家賃滞納・空室・フリーレント・家賃値下げ等も織り込む		
		※保有時諸経費；修理費・リフォーム費用・広告費・金利上昇等も織り込む		
2	イールドギャップ	運用利回り－調達金利	5%以上	物件・資金調達(調達金利)を判断
3	キャッシュフロー	家賃収入－（ローン支払い＋保有時諸経費）		物件・資金調達（調達金利・借入期間・借入金額）を判断

◆一等地物件選定ポイント　チェックシート

項目		備考
エリア	首都圏	東京
		神奈川（横浜・川崎）
		千葉（千葉）
		埼玉（さいたま）
	地方中核ブロック都市	北海道⇒北海道（札幌）
		東北⇒宮城（仙台）
		中京⇒愛知（名古屋）
		関西⇒大阪・兵庫（神戸・堺）・京都
		中国⇒広島・岡山
		九州⇒福岡（博多・北九州）・熊本
	政令指定都市 ※人口50万以上の市	大阪市，名古屋市，京都市，横浜市，神戸市，北九州市，札幌市，川崎市，福岡市，広島市，仙台市，千葉市，さいたま市，静岡市，堺市，新潟市，浜松市，岡山市，相模原市，熊本市
	都道府県庁所在地	
	人口30万人以上の都市	特定の都市の人口をインターネットで検索
交通	陸（鉄道）	リニア（品川・甲府・名古屋・大阪）、新幹線、在来線
		ターミナル駅（新宿等）、ターミナル駅直通、急行等停車駅
		駅から徒歩圏（10分以内）
	空（空港）	空港が近い（1時間以内）エリア（札幌・東京・名古屋・大阪・博多）
	海（港）	港が近いエリア

項目		備考
人口・世帯数	増加しているエリア	
自然災害リスク	地震	地盤のしっかりしたエリア（首都圏西側・関東ローム層等）
		△首都圏東側、埋立地、元田等
	津波	△海のそば、標高が低いエリア
	火災	△木造家屋密集地エリア
	建物倒壊	△旧耐震建物［1981（昭和56）年6月前建築申請］

☆参考情報

人口・世帯数増減ランキング：東京・札幌・博多・沖縄等

新線・新駅情報：リニア、山手線：高輪ゲートウェイ等

住みたい街人気ランキング：横浜、恵比寿・吉祥寺、大宮・浦和等

◆現地調査時　チェックシート

項目	備考	チェック
路線	・徒歩圏で何路線・何駅が利用可能か？ ・特に、複数路線利用可能、複数ターミナル駅（新宿・渋谷等）に直通（下北沢・明大前等）だと便利、実際に利用してみる	
最寄駅	・利便施設（コンビニエンスストア、スーパー、ショップモール、銀行等）を確認 ・最寄駅からは、車ではなく、徒歩で歩いてみる（車で案内されることが多いが、別途、歩いてみる） ・宅地建物取引業法（宅建業法）上は 80 メートル＝徒歩1分（駅からの距離・時間は、最寄りの駅の入り口から起算で、改札・ホームではない。実際は、坂道、踏切、信号、陸橋等で、時間が掛かる場合もあり） ・平日・休祭日、昼間・夜、天候によって差があることに注意。（時間的余裕があれば調査）	
周辺環境	嫌悪施設（工場、養豚場・養鶏場、高圧線、ゴミ焼却場、火葬場・墓地、競馬・競輪・競艇等博打場、刑務所、反社会的勢力施設等）がないか確認（地図、不動産会社への質問、口コミ、近隣の方への質問、実際に自分で歩いてみる等）	
近隣	・物件の近隣（向こう三軒両隣）チェック。 ・空き地があると後程建物が建ち、日当たり・通風等が悪くなったり、賃貸物件のライバルが増える可能性あり。 ・おかしそうな近所の人がいないか？（売主への質問、近隣の方への質問、実際に自分で歩いてみる等）	
道路付け	正規の道路（私道ではなく、幅員4メートル以上）に、2メートル以上接しているか？（そうでない場合には、再建築不可。融資受け不可。道路幅が4メートル以上ない場合、セットバックの必要性あり）	
	隣地との境界は、境界標によって明確になっているか？	
	土地の周囲に高低差・擁壁はないか？（ある場合、頑丈そうか？）	
	土地の周囲にブロック塀等はないか？（ある場合、頑丈そうか？地震で、被害者が出る可能性あり）	
	駐車場は他からの借用ではないか？（特に、電車の便が悪いエリア）	

項目	備考	チェック
建物	建蔽率・容積率オーバーではないか？（その場合、融資受け不可。再建築時、小さくなる）	
	建物に傾きはないか？（地面と建物が平行になっているか？　歩いてみたり、水平器・ビー玉等で確認）	
	外壁に大きなクラック・ひび割れ等はないか？	
	壁を軽く叩いてみて異音がしないか？（柱が少なく空間が多いと異音がする場合があり）	
	天井等を目視してみて、雨漏りの跡などがないか？	
	部屋数・間取りはどうか？ （核家族化で、部屋数が多いことより、広めの部屋が人気） （昔のワンルームより1LDK、3DKより2LDKが人気）	
	バス・トイレ・洗面所一体型（ビジネスホテル風）か、分離型か？ （最近は、分離型が人気）	
設備	オートロック方式か？	
	テレビモニターフォンは付いているか？（録画機能付きもあり）	
	ディンプルキーか？（コピーしにくい）	
	玄関からすぐにキッチン・部屋等が丸見えになっていないか？	
	靴箱収納は使いやすそうか？	
	ハンドシャワー・追い炊き機能・浴室乾燥機は付いているか？（浴室テレビまでは不要と思われる）	
	エアコンは大丈夫か？	
	インターネット環境（無線 WiFi）はあるか？	
	水は出るか？　赤錆は出ないか？	
	トイレは洋式、ウオシュレットか？	
	キッチン、バス、洗面所等は、ワンレバー方式か？	
	和室・畳部屋ではないか？	
	カウンター式キッチン、2口・3口コンロ、IHか？（IHは、掃除が簡単、火災リスクが低い）	

◆節税（加藤隆流納税０円㊙マニュアル）

レベル	項目	備考
白色申告	受取礼金	敷金は原則返却義務があるので収入計上しない
	受取家賃	
	受取更新料	
	受取：その他収入	駐車場、自動販売機、コインランドリー、電柱、基地局等
	減価償却費	・建物・器具備品等で土地分は不可 ・建物比率を大きくする（中古物件を個人から購入する場合等は頼みやすい）
	支払金利	・不動産所得が赤字の場合は土地分は不可 ・建物比率を大きくする（中古物件を個人から購入する場合等は頼みやすい）
	人件費	上限年間 50 万円
	事務所経費	事務所分の減価償却費、賃借料
	支払手数料	仲介手数料、司法書士手数料、建物管理費、賃貸管理費、更新手数料等
	光熱費	一棟物共用部分。事務所分の電気・瓦斯・水道代等
	車両関連費	車代（減価償却費、税金、保険代、車検代、高速料金、ガソリン代等）、自転車代等
	備消品費	修理費、リフォーム費用、パソコン・複合機代、文房具代等
	損害保険料	火災保険・地震保険、第三者損害賠償責任保険。当該年度分のみ。翌年度計上漏れ注意
	通信費	インターネット代、電話代、郵送費、宅配便等
	交通費	物件視察・契約・決済時等
	図書調査費	新聞代、書籍代、DVD 代、セミナー代等

レベル	項目	備考
白色申告	租税公課	収入印紙代、登録免許税、不動産取得税、固定資産税・都市計画税
	交際費	不動産会社・金融機関・不動産経営仲間等。土産、飲食代等
	その他経費	赤字繰越損失（3年間）等
青色申告	青色申告控除	
事業規模（原則5棟10室以上）	青色申告専従者給与	上限年間100万円未満が有利
	赤字繰越（3年間）	
法人化	税率が低い	個人の最高税率に比べ税率が低い
	赤字繰越(10年間)	
	給与・役員賞与	・青色申告専従者控除に比べ制約がない ・所得の分散が可（累進課税対策）
	退職金	受取人は給与に比べ半額程度の課税
	福利厚生費	スポーツクラブ
	減価償却費	任意なので、損益調整可
	生命保険料	全額経費算入可
	共済年金	全額経費算入可
	旅費	日当も可（受取人は非課税）
	売却	個人の短期譲渡所得税（40%）、長期譲渡所得税（20%）ではなく、全体の所得で計算
		損益通算も可
		物件毎法人にし、法人売却というやり方も可
	相続	個人と違って相続しやすい

◆不動産経営指標一覧

不動産経営指標	正式名称	計算式
CCR	Cash On Cash Return	CCR＝利益 ÷ 自己資金
DCR	Debt Coverage Ratio	
DSCR	Debt Service Coverage Ratio	DSCR＝NOI÷ローン返済額
IRR	internal rate of return	$0 = C0 + C1/(1+r)^1 + C2/(1+r)^2 + C3/(1+r)^3 \cdots + Cn/(1+r)\,n$ C0＝投資額（100万円の投資の場合、C0＝-1,000,000） C1＝1年目の収益 C2＝2年目の収益 C3＝3年目の収益 Cn＝n年目の収益（投資終了年：元本返済や投資対象の売却を収益に含む） 「r」＝内部収益率（IRR）
LTV	Loan To Value	LTV（％）＝ローン金額÷総投資金額×100
NCF	ネット・キャッシュ・フロー	NCF＝NOI（年間家賃収入－不動産の年間運営費－空室期間による損失）－資本的な支出（修繕費・改良費etc）
NOI	ネット・オペレーティング・インカム	NOI＝年間家賃収入－不動産の年間運営費－空室期間による損失
NOI利回り	ネット・オペレーティング・インカム利回り	NOI利回り（％）＝NOI（年間家賃収入－不動産の年間運営費－空室による損失）÷取得価格（不動産の価格＋購入時にかかった諸費用）×100
ROE	Return On Equity	CCR＝利益 ÷ 自己資本
ROI	Return On Investment	ROI＝利益÷総投資額（自己資本＋長期負債）×100
イールドギャップ		イールドギャップ＝物件の利回り－銀行からの融資の金利

意味	目安
自己資金に対する得たキャッシュフローの割合	プラス
ローン返済の何倍の収入があるかを表す指標	200%
正味利益に対するローン返済額の割合	50%
内部収益率	
総投資金額に対するローン金額の割合	50%
純キャッシュフロー	プラス
不動産投資における純収益。家賃収入から諸経費、空室による損失を差引いた正味利益	プラス
投資額に対する収益性の指標：実質利回り	
投資利益率	
	5%

不動産経営指標	正式名称	計算式
実質利回り		実質利回り（％）:（家賃収入－諸経費）÷（物件価格＋購入時経費）×100
表面利回り		表面利回り（％）＝年間家賃収入÷不動産の価格×100
利益		利益＝総収入－総費用
純資産の増加		純資産の増加＝インカムゲイン（家賃収入の蓄積）＋キャピタルゲイン（物件売却価格）＋残債の減少＋税金の圧縮
不動産評価額（物件価格）		不動産評価額（物件価格）＝純収益（年間家賃収入）÷実質利回り（キャップ・レート）
総収益率（％）		総収益率（％）＝純収益÷総投資額×100
純収益		純収益＝現況の賃料に引き直した年間賃料－ロスする賃料（空室・未収等）－ランニングコスト（経費年額）
総投資額		総投資額＝物件購入代金＋購入諸費用＋購入時修繕費等
稼働ベース空室率		稼働ベース空室率＝空室数×平均空室月数÷全戸数×12カ月×100
賃料ベース空室率		賃料ベース空室率＝空室分の賃料÷満室時の賃料×100
登録免許税		登録免許税＝固定資産税評価税×税率
抵当権設定登記		抵当権設定登記＝抵当権の設定金額（借入金額）×税率（0.4%）
不動産取得税		不動産取得税＝固定資産税評価額×建物3%、土地1.5%
融資期間		融資期間＝法定耐用年数－経過期間
純資産		純資産＝売却可能価格－残債
融資額		融資額＝評価額×70〜100%

意味	目安
投資額に対する収益性の指標	7%
	プラス
	プラス
	プラス
	90%
	90%
	プラス
	90%

◆不動産売買契約書チェックポイント

項目・条文				例&備考
(A) 売買の目的物の表示（登記簿の記録による）（第1条）				
	土地		所在	例）東京都中央区日本橋1丁目 （入居者は、ステータスとして、住所も気にする）
			地番	例）123 番3
			地目	" 宅地 " であることを要確認
			地積	例）175.5 ㎡ ※通常、標記面積とし、実測面積としないことに注意
			持分	1/1 であること（共有でないこと）を要確認
			備考	
	建物		所在	例）東京都中央区日本橋1丁目123 番3（入居者は、ステータスとして、住所も気にする）
			家屋番号	例）123 番3
			種類	例）共同住宅
			構造	例）木造ストレート葺2階建（木造は融資受けが限られる）
			床面積	例）1 階95.5 ㎡・2 階95.5㎡　※建蔽率・容積率オーバーでないこと要確認
			備考	「検査済証」は取得していない場合もあり

項目・条文		例&備考
(B) 売買代金、手付金の額及び支払日		
(B1) 売買代金総額（第1条）		例）金 35,000,000 円　金額要確認。悪徳不動産会社・悪徳金融機関が偽造する場合あり
	土地代金	資産価値・減価のしにくさの観点からは土地の比率が高いほうがよい
	建物代金	節税（減価償却費・支払金利計上）の観点からは、建物分の比率が高いほうが有利
	（うち消費税額及び地方消費税額の合計額）	消費税があれば、逆算して建物代が算出可
(B2) 手付金（第3条）	契約締結時支払い	例）金 500,000 円　※手付金は上限 20%。　5〜10% 等、少なめが無難
(B3) 中間金（第5条）		建物新築の場合は中間金がある場合が多い
(B4) 残代金（第5条）		例）平成 30 年 8 月 5 日まで　金 34,500,000 円　融資承認予定日までに融資実行させるほうが無難
(C〜H) その他約定事項		
(C) 所有権移転・引渡し・登記手続きの日（第6条）（第7条）（第8条）（第16条）		例）平成 30 年 8 月 5 日　※所有権が譲渡される日
(D) 公租・公課分担の起算日（第13条）		例）平成 30 年 1 月 1 日　※通常は1月1日起算だが、関西は4月1日起算

項目・条文		例&備考
(E) 手付解除の期限（第15条）		契約の履行着手前であれば、買主は手付金放棄、売主は手付金倍返しで売買契約を解除できる期限
(F) 違約金の額（売買代金の10%相当額）（第17条）		契約の履行着手後の売買契約解除は、違約金が発生（1〜2割）
(G) 反社会的勢力排除に係る違約金の額（売買代金の20%相当額）（第18条）		
(H) 反社会的勢力の事務所等活動の拠点に係る制裁金の額（売買代金の80%相当額）（第18条）		
(I)-1 融資利用の場合（第19条）		
	融資申込先	金融機関は明確に定めているかどうか
	融資承認予定日	融資承認予定日までに融資実行させる
	融資金額	明確な融資金額かどうか
	融資利用予定総額	融資金額を特定すること
	融資未承認の場合の契約解除期限	解除期限日までに融資実行までさせるのが無難
(I)-2 （第19条）		
	買主自主ローンの場合の融資利用に必要な書類の最終提出日	金融機関宛書類は迅速に直接（不動産会社経由ではなく）提供する

項目・条文		例&備考
(J) 瑕疵担保責任（第20条)		
	瑕疵担保責任の有無及び期間	中古物件を宅地建物取引業者（宅建業者）以外（個人等）から購入する場合には特約で瑕疵担保責任を排除することが可能なので要注意（宅建業者から購入の場合は、瑕疵担保責任は2年間)
第1条	売買の目的物及び売買代金	目的物は合っているか？価格は適切か？
第2条	売買対象面積	通常、標記面積とし、実測面積としないことに注意
第3条	手付	手付金は上限20%。5～10%等、少なめが無難
第4条	境界の明示	境界標要確認
第5条	売買代金の支払時期及びその方法	融資承認予定日までに融資実行させるほうが無難
第6条	所有権移転の時期	融資承認予定日までに融資実行させるほうが無難
第7条	引渡し	融資承認予定日までに融資実行させるほうが無難
第8条	所有権移転登記の申請	融資承認予定日までに融資実行させるほうが無難　売主の住所が旧住所のままになっていないか、抵当権は抹消大丈夫か、要確認
第9条	物件状況の告知	
第10条	付帯設備の引渡し	「付帯設備表」要確認
第11条	負担の削除	抵当権設定解除要確認
第12条	印紙代の負担	原本1通（買主用)・コピー1通（売主用）とすれば、収入印紙代節約可

269

項目・条文			例 & 備考
第 13 条	公租・公課の負担		固定資産税・都市計画税の精算。通常は1月1日起算だが、関西は4月1日起算
第 14 条	収益の帰属・負担金の分担		家賃、固定資産・都市計画税の日割り計算要確認。原則、預かり敷金は引き継ぐ。関西の場合は、通常、預かり敷金は引き継がず、入居者への返却義務のみ負う
第 15 条	手付解除		売主:手付金倍返し、買主:手付金放棄
第 16 条	引渡し前の滅失・毀損		契約上、通常は売主が危険負担を負うこととなっているが要確認
第 17 条	契約違反による解除		違約金は上限20%。通常10〜20%。少なめが無難
第 18 条	反社会的勢力の排除		
第 19 条	融資利用の場合		白紙解約期限条項は、解除権留保型より、当然自動解除型のほうが無難
第 20 条	瑕疵担保責任		中古物件を宅地建物取引業者以外（個人等）から購入する場合には特約で瑕疵担保責任を排除することが可能なので要注意
第 21 条	諸規約の承継		区分所有マンションを購入する場合には、管理組合の管理規約等に従う義務あり
第 22 条	協議事項		定めのない事項については、別途協議
第 23 条	訴訟管轄		通常は物件所在地の管轄裁判所

項目・条文			例&備考
第24条	特約条項		中古物件を宅地建物取引業者以外から購入する場合には特約で瑕疵担保責任を排除することが可能なので要注意
売主			住所・氏名は登記簿謄本の住所・氏名と合っているか要確認 登記簿謄本上、旧住所のままの場合には、売主で、住所変更が必要
買主			
媒介業者 （売主側）			代表者・宅地建物取引士の署名か記名捺印が必要
媒介業者 （買主側）			
その他			「公益社団法人全国宅地建物取引業協会連合会」等の標準書式（「一般土地建物公簿用」）等が無難

◆物件チェックポイント

項目	例	チェックポイント
区分	区分マンション	・区分マンション、戸建賃貸、一棟アパート、一棟マンション ・区分店舗、区分事務所、一棟商業ビル、賃貸併用住宅、倉庫、工場、駐車場、ホテル、土地 ⇒居住用以外の場合は、入居が不安定なため、要注意
名称	パレステュディオ三番町	・イメージの悪い名前（「●荘」・「ハイツ」・売主の名前等）の場合は要注意 ⇒入居者は、ステータスとして、住所・名称も気にする
写真	―	・外観、玄関、エントランス、郵便受け、間取り、地図 ⇒入居者は、第一印象・ステータスとして、外観、玄関、エントランスも気にする
販売価格	2700万円	・値下げ状況要確認（他社公開情報や過去の公開情報をチェック） ⇒値下げしている場合は、売主が弱気で、値下要求が通りやすい
表面利回り	7.88%	・別途、購入時諸費用（不動産取得税等）も考慮要 ・別途、例月・例年諸費用（建物管理費・修繕積立金・賃貸管理費、固定資産税・都市計画税等）も考慮要 ・別途、修理費、空室（敷金返却・リフォーム費用・空室フリーレント時家賃なし・広告費・家賃値下げ）も考慮要
所在地	東京都千代田区三番町12－3	・住所要確認 ⇒入居者は、ステータスとして、住所・名称も気にする
築年月	2002年7月（築17年）	・新耐震基準（1981年6月以降建築申請） ⇒旧耐震の場合は要注意

項目	例	チェックポイント
沿線交通	東京メトロ半蔵門線　半蔵門駅 徒歩6分 JR総武・中央緩行線 市ヶ谷駅 徒歩7分 東京メトロ南北線 市ヶ谷駅 徒歩7分	・最寄駅のみならず、その他メイン路線・ターミナル駅からのアクセスも要チェック ⇒入居者は、ステータスとして、路線・駅も気にする ⇒原則80mあたり徒歩1分で計算 ⇒坂道、信号、陸橋、踏切等は考慮されていないので、実際に歩いてみること ⇒駅の最寄り出入り口から起算されているので、改札から遠い場合もあるので、実際に歩いてみること
総戸数	47戸	・総戸数が少な過ぎる場合は要注意 ⇒一棟アパートで6戸未満は非効率 ⇒一棟アパートで10戸以上は、駐車場が3台分必要な場合があり、非効率 ⇒一棟マンションの場合は、総戸数が多いと、管理費・修繕積立金が割安で、管理人住込み・常駐の場合が多いが、建替えの場合（区分所有者8割以上の同意が必要）は利害関係人が多く困難
建物構造	RC造	・SRC造、RC造、鉄骨造、軽量鉄骨造、木造、その他 ⇒木造の場合は融資受け要確認
専有面積	30.37㎡	・公簿 ⇒壁内（公簿）面積か壁芯面積（壁や柱の厚みの中心線で測られた建物の面積）か要注意
階数	7階部分 / 9階建て	・1階の場合は要注意 ⇒防犯、通風、景観上、人気が低い ⇒逆に、小さな子供がいる場合、専用庭がある場合は人気あり ⇒エレベーターがなく、5階などになると人気が低い
想定年間収入	131.8万円（11.0万円/月）	・近隣家賃相場を要チェック ⇒特に、新築プレミアム家賃の場合、家賃保証の場合は、家賃下落の可能性が高い

項目	例	チェックポイント、備考
管理費（月額）	8,400 円	高過ぎる・安過ぎる場合は要注意 ⇒高過ぎる場合は、ぼられている可能性あり ⇒安過ぎる場合は、値上げの可能性あり
修繕積立金（月額）	6,560 円	高過ぎる・安過ぎる場合は要注意 ⇒高過ぎる場合は、ぼられている可能性あり ⇒安過ぎる場合は、値上げ、一時金徴収の可能性あり
管理方式	巡回	住込み・常駐・巡回・自主管理 ⇒住込み・常駐は、管理レベルは高いが、管理費も高い。 ⇒巡回は、管理レベル・管理費共に、そこそこ ⇒自主管理は、清掃・草取り等大変
地図	—	立地要確認 ⇒自然災害リスク（海傍等）要確認 ⇒嫌悪施設（刑務所・火葬場・ゴミ焼却場・競馬等賭博場等）要確認 ⇒利便施設（コンビニエンスストア・スーパー・ショップモール・銀行等）要確認
建物面積	（484.96 ㎡）	建蔽率・容積率 ⇒超えている場合は要注意
バルコニー面積	9.31 ㎡	室内洗濯機置場・浴室乾燥機 ⇒無い場合は要注意。緊急避難路に注意
方角	北東	ファミリー用で南向きでない場合は要注意（単身者用はさほど気にしないでも可）
間取り	1K+S	ワンルーム、ファミリー
駐車場	なし。徒歩3分以内に月額駐車場あり	⇒バス便で駐車場がない場合は要注意（できれば、世帯数分以上） ⇒他で借りている場合は要注意
土地面積	36 坪	狭小（30坪以下）の場合は要注意

項目	例	チェックポイント、備考
私道負担面積	0	・不動産売買の土地の一部に含まれる「私道部分」の面積のこと ・私道部分の面積は敷地とはならないので、建ぺい率や容積率の計算から除外されるなど、土地の利用に際して制約を受ける ・原則、広告などの物件情報でも私道負担がある場合は私道を含むことを記載し、私道負担面積を提示する必要がある ⇒私道負担面積が大きい場合は実際の平米数とは異なるので要注意
地目	(宅地)	・土地をその利用状況によって区分したもので、家が建っている土地であれば「宅地」、農地であれば「田」や「畑」といった具合に20種類以上の地目がある ⇒宅地以外（畑等）の場合は要注意
都市計画区域	(市街化区域)	都市計画区域なのかそうでないのか ※【検索】⇒国土数値情報ダウンロードサービス（JPGIS準拠データ）
土地権利	所有権	所有権・借地権 ⇒借地権の場合は要注意（借地権の場合は、原則、融資受け不可）
用途地域	(第二種中高層住居専用地域)	市街化調整区域の場合は要注意 ⇒大きく住宅地・商業地・工業地に分けられる。細かくは13種

項目	例	チェックポイント、備考
建蔽率	（60%）	・敷地面積に対する建築面積の割合のことで、設置面である1Fだけでなく2Fのほうが広い場合はそちらが建設面積となる（空から見たイメージ） ⇒建蔽率オーバーの場合は要注意（原則、融資受け不可）
容積率	（200%）	・敷地面積に対する延床面積の割合 ⇒例えば容積率100%と指定された100平方メートルの敷地には、1階60平方メートル、2階40平方メートル、合計100平方メートルの建物が建築可能となる ⇒容積率オーバーの場合は要注意（原則、融資受け不可）
国土法届出	（不要）	・国土利用計画法に基づき義務付けられている土地の取引に関する届出 ⇒取引によって届け出なければならない場合 1.一定面積以上の土地取引を行った場合（事後届出） ※市街化区域2,000平方メートル以上、その他の都市計画区域5,000平方メートル以上、都市計画区域外10,000平方メートル以上 2.注視区域において一定面積以上の取引を行おうとする場合（事前届出） ※1.と同じ面積 3.監視区域において一定面積以上の取引を行おうとする場合（事前取引） ※1.未満の面積
接道状況	（公道　南2.40メートル） （接道幅　13.3メートル）	・再建築不可の場合は要注意 ⇒4メートル以上の道路に2メートル以上接道していないか

項目	例	チェックポイント、備考
現況	賃貸中	・空室が多い（3分の1以上）場合は要注意。（家賃保証の場合は要注意） ・レントロール要確認 ・昔から高額で貸している場合は要注意（通常、退去後、次の入居者から家賃は下がる） ・現所有者・親戚等が居住している場合は要注意（購入後、退去リスクあり）
引渡	相談	・入居シーズン（3月等）超えの場合は要注意
次回更新予定日	3/8/2019	
更新日	12/8/2018	・古過ぎる場合は要注意（情報が古い）
建築確認番号	-	・建築確認を終えた建物に発行される番号のこと。確認審査後に交付される建築確認通知書とともに発行される番号が建築確認番号 ⇒建築確認申請書がない場合は要注意
管理番号	-	
注意事項	サブリース契約継承条件です。	・再建築不可、建蔽率・容積率オーバー（原則、融資受け不可）、告知事項あり・事故物件（不自然死・自殺・他殺等）の場合は要注意
取引態様	専属専任媒介	・不動産会社が取引するときの立場のこと⇒ 例）仲介（専属専任媒介、専任媒介、一般媒介）、売主

◆財務分析管理表（用語集）

分類	項目	算式
収益性	資本利益率	利益÷資本
	平均総資本営業利益率	営業利益÷（期首総資本＋期末総資本）/2
	平均総資本経常利益率	経常利益÷（期首総資本＋期末総資本）/2
	平均総資本当期純利益率	当期純利益÷（期首総資本＋期末総資本）/2
	平均自己資本営業利益率	営業利益÷（期首自己資本＋期末自己資本）/2
	平均自己資本経常利益率	経常利益÷（期首自己資本＋期末自己資本）/2
	平均自己資本当期純利益率	当期純利益÷（期首自己資本＋期末自己資本）/2
	売上高利益率	利益÷売上高
	売上高売上総利益率	売上総利益÷売上高
	売上高営業利益率	営業利益÷売上高
	売上高経常利益率	経常利益÷売上高
	売上高当期純利益率	当期純利益÷売上高

意味	見方・目安・理想	当年度	前年度	前々年度
投下された資本を運用してどれだけの利益を上げたかを、資本に対する利益の割合で示したもの				
		0	0	0
	←低い数値は、事業利回りの低さか、不必要な資産の存在を示唆する	0	0	0
		0	0	0
		0	0	0
		0	0	0
←財務レバレッジ・総資本回転率（株価収益率）と併せて検討する		0	0	0
売上高に対する利益の割合であり、1単位の売上によっていくらの利益が得られたかということ＝利幅を表すもの				
売上高から売上原価を差し引いた粗利益の比率を示す		0	0	0
本来の営業活動の能率を示す	売上高売上総利益率が売上高営業利益率より低い場合は、販売管理費コストが高過ぎることを示す	0	0	0
金融活動等も含めた平常の経営活動の能率を示す		0	0	0
全経営活動の能率を示す		0	0	0

分類	項目	算式
	資本回転率（回）	売上高÷資本
	平均総資本回転率（回）	売上高÷（期首総資本＋期末総資本）/2
	平均自己資本回転率（回）	売上高÷（期首自己資本＋期末自己資本）/2
	売上債権回転率（回）	売上高÷売上債権
	棚卸資産回転率（回）	売上高÷棚卸資産
	当座資産回転率（回）	売上高÷当座資産 （当座資産 ＝現金＋受取手形＋売掛金）
	流動資産回転率（回）	売上高÷流動資産
	固定資産回転率（回）	売上高÷固定資産
	交差比率	売上総利益率×棚卸資産回転率
安全性	流動比率	流動資産÷流動負債
	当座比率	当座資産÷流動負債 （当座資産 ＝現金＋受取手形＋売掛金）

意味	見方・目安・理想	当年度	前年度	前々年度
収益を資本の運用回数の面から測定したもの				
同業他社との効率性比較に用いる		0	0	0
		0	0	0
売上代金の回収効率を示す	経年悪化の場合は、不良債権の可能性あり	0	0	0
棚卸資産に投下された資本の利用効率を示す ← 在庫運営が効率良くなされているかを示す	経年悪化の場合は、滞留在庫の可能性あり	0	0	0
営業循環過程における現金化のスピードを表す		0	0	0
	固定資産回転比率との比較で悪ければ、更に掘り下げる	0	0	0
固定資産に投下された資本の利用効率を示す	大きいと設備投資不足、小さいと設備投資過剰	0	0	0
商品が効率良く利益を生み出しているかを測る		0	0	0
企業の短期支払能力を示す指標	比率が高いほど、短期的な資金繰りに余裕がある。理想は1（100％）以上	0	0	0
流動負債を当座資産で支払う能力を示す指標 ← 流動比率より厳しく支払能力を検討するための指標	比率が高いほど、短期的な資金繰りに余裕がある	0	0	0

分類	項目	算式
	固定比率	固定資産÷自己資本
	固定長期適合率	固定資産÷（固定負債＋自己資本）
	負債比率	負債÷自己資本
	自己資本比率	自己資本÷総資本
	財務レバレッジ	総資本÷自己資本
生産性	従業員1人当たり売上高	売上高÷従業員数
成長性	売上高成長率（対前年度比）	当年度売上高÷前年度売上高
	売上総利益成長率（対前年度比）	当年度売上総利益÷前年度売上総利益
	営業利益成長率（対前年度比）	当年度営業利益÷前年度営業利益
	経常利益成長率（対前年度比）	当年度経常利益÷前年度経常利益

意味	見方・目安・理想	当年度	前年度	前々年度
固定資産が返済期限のない自己資本でまかなわれている割合を示す指標	100％以上なら、負債による資金調達で固定資産取得。理想は1（100％）以下	0	0	0
固定資産に対する資金源泉として、自己資本と固定負債を加え、固定資産に対する投資が、どの程度長期資本でまかなわれているかを示す指標	100％以上なら、短期借入金によって固定資産取得。理想は1（100％）以下	0	0	0
企業に投下された資本のうち債権者からのものが自己資本に対しどの位の割合であるかを示す比率	低いほど財務の安定性が高い。理想は、1（100％）以下	0	0	0
自己資本の総資本（負債＋資本）に対する割合で、財務状態が堅実であるかどうかを示す指標 ← 事業経営の安定性を表す数値	高いほど良い理想は0.5（50％）以上	0	0	0
負債の大きさを示す		0	0	0
		0	0	0
売上高が前年度に比べてどの程度の割合で増加しているかを示す		0	0	0
売上総利益が前年度に比べてどの程度の割合で増加しているかを示す		0	0	0
営業利益が前年度に比べてどの程度の割合で増加しているかを示す	営業利益伸び率は売上高伸び率より高いほうがよい	0	0	0
経常利益が前年度に比べてどの程度の割合で増加しているかを示す		0	0	0

分類	項目	算式
	当期純利益成長率（対前年度比）	当年度当期純利益÷前年度当期純利益
	自己資本成長率（対前年度比）	当年度自己資本÷前年度自己資本
	総資本成長率（対前年度比）	当年度総資本÷前年度総資本

意味	見方・目安・理想	当年度	前年度	前々年度
当期純利益が前年度に比べてどの程度の割合で増加しているかを示す		0	0	0
	自己資本増加率は総資本増加率より高いほうがよい	0	0	0
		0	0	0

◆財務分析管理(計算シート)

決算書等情報	入力エリア			
【貸借対照表】	当年度	前年度	前々年度	前々年度
資産の部	0	0	0	0
流動資産				
当座資産				
売上債権				
棚卸資産				
固定資産				
総資本(資本・負債の部)	0	0	0	0
負債	0	0	0	0
流動負債				
固定負債				
自己資本				
【損益計算書(当年度)】	当年度	前年度	前々年度	前々年度
売上高				
売上総利益				
営業利益				
経常利益				
当期純利益				
【その他(当年度)】				
従業員数				

本表は、表計算(Microsoft Excel)にて、計算式を組み込んであり、勘定科目情報(入力エリア)の数値を入力すれば、各種指標が自動計算される仕組みになっています。この表のエクセルデータをパンローリングのホームページの本書紹介ページに載せておきます。ダウンロードしてご使用ください。

◆指値交渉トークスクリプト

1）景気はどうか？

①好景気の場合：指値がしにくい

②不景気の場合：買い手市場なので、指値はしやすい

> （不景気の場合のトーク例）
> 不景気で家賃も下がりそうで、キャッシュフローが心配です。
> ●●円で購入できれば、安心して購入できるのですが……。

2）情報入手元はどうか？

①非公開ルート（不動産会社・金融機関等）の場合

◎売主側の不動産会社からのルート・仲介のとき

【専属専任媒介のケース】

売主に近く、このルートは他に流れる可能性はほとんどないの
で、もともと割安の可能性が高い。指値交渉はほどほどに

【専任媒介のケース】

売主が自ら他の買主を探すことは可

【一般媒介のケース】

不動産会社は多数。指値しやすいがライバルは多いのでほどほどに

> （一般媒介の場合のトーク例）
> 安いに越したことはないのですが、２番手以降で、ライバルが
> 多いのであれば、買えそうな範囲内での値段でも結構です

◎買主側の不動産会社からのルート・仲介のとき

　指値しやすいが、ライバルは多いので、ほどほどに。

（この場合のトーク例）
安いに越したことはないのですが、2番手以降で、ライバルが多いのであれば、買えそうな範囲内での値段でも結構です

---

②公開ルート（インターネット）の場合

　複数の不動産会社が広告掲載している場合が多く、古い情報も多いので価格を比較する

3）売主の売却理由はどうか？

①売り急ぎの場合

　◎資金繰り逼迫のケース：指値しやすい

（この場合のトーク例）
●●円以内ならば、融資内諾は取っているので、決済は早めにできますよ

　◎期末（3月末等）のケース：指値しやすい

（この場合のトーク例）
●●円以内ならば、融資内諾は取っているので、期末までに決済できますよ

◎相続絡みのケース：10 カ月以内に分割・納税要で売り急ぎ、
　　　　　　　　　指値しやすい

> （この場合のトーク例）
> ●●円以内ならば、融資内諾は取っているので、決済は早めに
> できますよ

②資産入れ替え

◎物件に問題ありのケース：指値しやすい

> （この場合のトーク例）
> 修理・リフォーム費用にお金がかかりそうなので、現状有姿で、
> こちらで修理・リフォームするということにして、●●円差し
> 引いていただければ、買えそうなのですが？

◎耐用年数切れ物件のケース：減価償却による節税メリットが薄
　　　　　　　　　　　　　　れ指値しやすい

> （この場合のトーク例）
> 耐用年数も、融資期間も短く、例月キャッシュフローが苦しく、
> ●●円以内ならば、回りそうなのですが？

◎より優良物件に資産入れ替えのケース：指値しやすい

４）買主の購入理由はどうか？

①買い急ぎの場合

◎期末（３月末等）のケース：指値しにくい

②資産入れ替えの場合

◎より優良物件に資産入替えのケース：指値しやすい

```
（この場合のトーク例）
耐用年数も、融資期間も短く、例月キャッシュフローが苦しく、
●●円以内ならば、回りそうなのですが？
```

５）決済状況はどうか？

①現金購入の場合：指値しやすい

```
（この場合のトーク例）
●●円以内ならば、即、キャッシュで買えそうなのですが？
```

②融資内諾取得済の場合：指値しやすい

```
（この場合のトーク例）
耐用年数も、融資期間も短く、例月キャッシュフローが苦しく、
●●円以内ならば、回りそうなのですが？
```

③融資内諾取得未済の場合：指値しにくい

6）交渉トークについて

①物件条件

◎故障・要リフォーム部分を現状有姿で購入する代わりに、修理・リフォーム費用分を値引きしてもらう

> （この場合のトーク例）
> 修理・リフォーム費用にお金がかかりそうなので、現状有姿で、こちらで修理・リフォームするということにして、●●円差し引いていただければ、買えそうなのですが……

◎物件をけなして値引き要求するのは不可

◎瑕疵担保責任免除で、値引きしてもらう方法もあり

> （この場合のトーク例）
> 不具合など、何かあったことを想定して、●円値引きしていただければ、現状有姿のままで、瑕疵担保責任なしで結構ですが……

②買主の事情

◎資金繰り（自己資金等）の関係上を理由に、値引きしてもらう

> （この場合のトーク例）
> 融資が●●円までしか出ず、自己資金があと●●円足りません。●●円値引きしていただければ、買えるのですが……

③融資受けの事情

◎減価償却による節税メリットが薄れるため、指値しやすい

> （この場合のトーク例）
> 融資が●●円までしか出ず、自己資金があと●●円足りません。
> ●●円値引きしていただければ、買えるのですが……

◎白紙解約条項なしを条件に、値引き要求するのはリスクあり

④まとめ買い

◎まとめ買いで、値引きしてもらう

> （この場合のトーク例）
> 複数物件まとめて購入させていただきますので、おまとめ割引
> していただけますでしょうか？

⑤今後の展開

◎今後とも、建物賃貸管理、別件売買等のリピート取引、第三者の
　紹介等を醸し出し、値引きしてもらう

> （この場合のトーク例）
> 今後とも、建物管理や賃貸管理も御社にお願いしたいと思って
> おります。知り合いにも紹介したいと思っております。かよう
> に、末永くお付き合いさせていただきたいと思っております。
> そのためにも、自己資金を厚くして、属性を良くしていきたい
> ので、多少なりともお勉強していただければ幸甚なのですが？

◎今後とも、大切に使わせていただきますと思いを伝えていく

（この場合のトーク例）
私は、転売目的ではなく、大事に使わせていく所存です。そのためには、万一の修理費等に備えて、●●円以下なら購入したいと思っているのですが？

◎すぐに転売する予定、取り壊す予定などはマイナスイメージを与える

あとがき

　私が 1986 年（28 歳）に不動産経営を始めてから、早 33 年が経ちました。その間、特に札幌の区分所有マンションでは、ありとあらゆるトラブルを経験させられ、鍛えられました。

　1990 年（32 歳）のバブル崩壊、事件や事故（不自然死や首吊り自殺、練炭自殺等）、耐震偽装、悪徳金融機関ならびに不動産会社とのトラブル（融資承認、「金銭消費貸借契約」締結後の融資ドタキャン、違約金等 6000 万円損失）など、各種トラブルにも遭いました。もう少しで、一発玉砕して再起不能になりそうなこともありました。

　日本はと言えば、1990 年バブル崩壊後、「失われた 30 年」と言われる如く、不況が続いています。

　途中、2000 年 IT バブル崩壊、2008 年 A 合衆国のサブプライムローン・リーマンショック、2018 年アベノミクスミニミニバブル崩壊と、ほぼ 10 年間隔で小さいバブル＆崩壊を繰り返していますが、総じて言えば、1990 年以降は下り坂です。

　日本が不景気に陥っている中でも、私は不動産経営を通し、資産を増やしてきました。その経験から言えることを、まとめて紹介しておきたいと思います。

1）国を過信しない

　少子高齢化・人口減にあって、日本は、1200 兆円の負債を抱え、実質、財政破綻。2019 年 8 月 12 日の日本経済新聞にも掲載されていましたが、65 歳から支給の年金は、70 歳からどころか、75 歳からの支給案が出始めました。そのうち、100 歳からの支給案になるかもしれませ

ん。「人生 100 年時代」という言葉が流行っています。一生、死ぬま
で働けというつもりなのでしょうか？

　国の年収は、税金などで約 50 兆円しかないのに、50 兆円もの借金（国
債）をし、100 兆円も無駄遣いをしています。そして、債務は 1200
兆円にも膨れ上がっています。

　家庭で喩えるならば、年収 500 万円の家庭が、毎年 500 万円もサラ
金から借金をし、1000 万円も無駄遣いをし、借金が 1 億 2000 万円に
までなっている状況です。個人だと、とっくに自己破産状態です。

　ところが、国は、金（ゴールド）の裏付けのない紙幣や国債等、印
刷し放題です。アベノミクス後、紙幣や国債の量は 2 ～ 3 倍にまでなっ
ているようです。ということは、理論上、紙幣の価値は、2 ～ 3 分の
1 になってもおかしくないのです。相対的に、物の値段は、2 ～ 3 倍
になってもおかしくないのです。特に、数に限りのある物はそうです。
貴金属や土地などです。

　そうなると、最も危ないのは、ひたすら預貯金することと言えます。
貨幣価値はどんどん下がっていきます。最悪、ハイパーインフレにで
もなれば、紙幣や国債等は紙切れになってしまいます。

　日本は、1945 年の敗戦時にやっています。昨今でも、ロシアやト
ルコ、アルゼンチン、ベネズエラ、ジンバブエなどで起こっています。
逆に、借入金の実質負担は減っていきます。

　したがって、借入金を活用して、不動産を購入しておくのが、最も
有効な手段となります。特に、立地や環境の良いエリアの物件です。

　いずれにせよ、国や年金には頼れない状況です。自分と自分の家族
は、自分で守れるようにしておくべきです。

２）年金不足 2000 万円問題

　昨今、「年金不足 2000 万円問題」が流行っています。

しかし、いくら現預金があっても、どんどん目減りしていきますし、いつまで生きるかわかりません。

　お金が底をついたら、飢え死にでしょうか。「いくらお金があるか？」ではなく、「毎月いくら収入があるか？」が問題なのです。

　お金が 2000 万円あっても心配です。しかし、毎月 20 万円の収入があれば、死なない程度の必要最低限度の生活はできそうです。毎月 40 万円の収入があれば、普通程度の生活はできそうです。

　遅くとも、定年までには、そういった安定収入が入る仕組みを構築しておくのです。年金はあてにしないで、あればましくらいに思っておくことです。

3）勤め先を過信しない

　もっと言えば、勤め先も過信はしないことです。減給やリストラ、倒産は、日常茶飯事です。給料や賞与、退職金、企業年金等を過信しないことです。

　先述した安定収入については、遅くとも定年までにはと言いましたが、早期に構築しておけば、いざ、減給やリストラ、倒産があっても、リスクを抑えることが可能になってきます。

　給料とは別件での安定収入が同じくらいになると、最悪、勤めがなくなっても、何とか生きていけます。安心することができます。

4）安易に勤め先を辞めない

　不動産経営からのキャッシュフローが給料を上回るようになると、調子に乗って、勤めを辞める人も多いです。

　しかし、勤めを辞めた途端、収入も不安定になって融資受けができなくなったとか、暇過ぎるとか、運動不足になったとか、引き籠りで

家でゴロゴロばかりして奥さんに邪魔者扱いされるとか、父母等の介護保険適用等が難しくなったとか、いろいろと問題も起こるようです。

　サラリーマンは、昔の百姓と一緒で、「生かさず殺さず」で、死なない程度の必要最低限の給料しかもらえませんが、比較的、安定しているものです。

　不動産経営のほうはと言えば、修理費やリフォーム費用、リノベーション費用、家賃滞納、空室（敷金返却、リフォーム、空室・フリーレント時家賃なし、家賃値下げ、広告費の増大等）など、不安定な部分も多いものです。

　以上のことから、安易に勤め先は辞めないほうがよいかと思います。余程、つらいとか、他にやりたいことがある場合なら別ですが……。

5）サラリーマンと不動産経営者に求められる素養は違う

　サラリーマンで上司と馬が合わないとかで不遇な目に遭ったとしても、あきらめないことです。

　そもそも、サラリーマンと不動産経営者に求められる素養は異なります。サラリーマンは、「全社一丸」「金太郎飴」のように同じことが望まれ、変わったことをすると嫌われます。「イエスマン」が好まれます。「成功すること」より、「失敗しないこと」が望まれます。

　しかし、不動産経営者は違います。経営や投資等の世界では、「人の行く裏に道あり花の山」と言われるがごとく、個性や独創性も必要です。

　むしろ、サラリーマンに合わない人のほうが「不動産経営者等には向いているのではないか」と思っています。

6）不動産経営には、リスク・デメリットがある

　不動産経営には、リスクとデメリットがあります。

　資産運用としては、資金が固定化する「固定資産」だということです。無理に、早期に売却しようとすれば、足元を見られて、二束三文で買い取られてしまいます。「物上げ業者」と言われています。

　特に、我々ではコントロールできないリスクとしては、自然災害（地震や二次災害としての火災、建物倒壊、津波、原子力発電所爆発、台風、水害、土砂崩れ等）のほか、不景気（バブル崩壊、空室、家賃下落、資産価値下落）や金利上昇が考えられます。

　その他にも、悪徳不動産会社とのトラブル（倒産、耐震偽装、違約金詐欺等）や悪徳金融機関とのトラブル（融資ドタキャン等）、入居者とのトラブル（近隣トラブル、家賃滞納、夜逃げ、不自然死、自殺等）、修理費やリフォーム費用、大規模修繕費用、税務署とのトラブルなどもあります。

　リスクに対しては、漫然と怖がるのではなく、まずは、リスクを洗い出し、対策を講じます。リスク対策としては、リスク低減や回避、移転（損害保険等）、認容（リスクを受け入れること）があります。基本的には、リスク分散と保険（団信、火災保険、地震保険、第三者損害賠償責任保険、事故保険等）の活用がメインになると思います。

7）キャッシュフローを最重要視する

　不動産経営においては、キャッシュフローを最重要視します。家賃で経費支払い＆ローン返済を賄うのが大原則です。

　やむを得ず、給料など、他の収入で補う場合でも、持ちこたえられる範囲内に留めておくことです。

　先述したように、不動産経営には、リスクや思わぬ出費（修理費、

リフォーム費用、リノベーション費用）、家賃滞納、空室（敷金返却、リフォーム、空室・フリーレント時家賃なし、家賃値下げ、広告費増大等）など、思わぬことが起こり得ますので、余裕を持たせておくことです。

キャッシュフローさえ回っていれば、仮にバブル崩壊が起こっても、売らなければいいだけで、持ちこたえることができます。

間違っても、「困ったら売ればいいや」などと、安易に転売（値上がり益期待）というスタンスでいかないことです。

8）まずはやってみる

いくら勉強しても、実行しなければ何も変わりません。「何もしないことのリスク」もあるのです。

今の日本は、「下りのエスカレータ」です。下りのエスカレータでは、一所懸命、逆走して昇って、やっと現状維持。何もしなければ、落ちていくだけです。下りのエスカレータを逆に昇っていくか、ある程度リスクを冒してでも、隣の上りのエスカレータに飛び移るかです。

まずは、やってみることです。さすれば、実感できます。

9）まずは、リスクの小さいところからでもやってみる

実際にやってみるときには、まずは、リスクの小さいことから始めてみることです。慣れてきたら、徐々にリスクも取りつつ、リスク分散を図っていきます。例えば、エリアで言えば、東京から始めて、地方へ。種別で言えば、区分所有マンションから始めて、一棟物（戸建て・アパート・マンション）へ。構造で言えば、鉄骨鉄筋コンクリート（SRC）から始めて、鉄骨造り（S）、木造へ。広さで言えば、単身者用から始めて、ファミリー用へ。築年で言えば、新築から始めて、築

浅、中古へ、といった感じです。

　融資受けに関しても、同様です。固定金利から始めて、変動金利も。自己資金10％から始めて、5％、フルローン、オーバーローンも。「団体信用生命保険（団信）あり」から始めて、「なし」も、といった感じです。

10）いきなり高リスクは避ける

　逆に言えば、いきなり高リスクは避けることです。

　昨今、「地方築古大規模一棟マンションをフルローン・オーバーローンで」というのが流行っていましたが、Ｓ銀行が破綻するとともに、そのスキームも崩壊しました。

　こういったスキームは、リスクも高く、一発玉砕からの再起不能もあり得ますので、十分、気をつけましょう。

11）不動産経営のリターン・メリット

　先に、不動産経営のリスク・デメリットについて触れましたが、それに対し、あまりに過剰反応して引かないでください。

　私も、これだけの目に遭いながらも、まだ生きています。生きていれば、再起は可能です。

　もともと、ゼロから出発しています。何かあっても、また、ゼロから再出発するだけです。

　不動産経営には、リスク・デメリットもありますが、リスクを取ってこそ、リターンがあるのです。それらのリスク・デメリットを補って余りあるリターン・メリットがあります（以下、参照）。

◎家賃という安定収入のインカムゲイン

◎インフレ等を想定した場合の値上がり益（キャピタルゲイン）

◎団信を活用した保険機能

◎節税機能（所得税、住民税、相続税）

◎自分でコントロールできること

◎人脈やスキルの形成

◎社会的意義（住宅供給、自己救済）　　など

　不動産経営においては、先述したリスクを避けつつ、リターンを得るように進めます。特に、再起不能になりかねないような大きな失敗は避けながら優良物件を割安価格で購入するぶんには、失敗するリスクは低いとされています。

12）経済的自由・時間的自由・精神的自由

　不動産経営自体も面白いものではあります。

　しかし、不動産経営自体は、あくまで手段であって、目的ではありません。経済的自由を獲得し、時間的自由を獲得し、精神的自由を獲得しましょう。

①経済的自由

　不動産経営による収入だけで生活できるほどのキャッシュフローを目標にします。

②時間的自由

　不動産経営の建物管理や賃貸管理等は、信頼できる不動産会社に業務委託します。そして、自動操縦状態に持っていきます。特にサラリーマンは、何でも自分でしようとしないことです。

③精神的自由

経済的・時間的自由があると、気持ちにも余裕ができ、精神的自由
も獲得できます。

13）不動産経営は"人"で決まる！！

最後に、もう一度、触れさせていただきます。

<u>不動産経営は"人"で決まります！！</u>

外国為替や株式投資、貴金属のような、値上がり益期待のマネーゲー
ムと違って、不動産経営は、長期賃貸経営を目的とし、不動産会社や
金融機関、保険会社、各種士業の先生など、"人"と"人"とが接して、
運営していくものです。

ともに、不動産経営を通じて、「経済的かつ時間的かつ精神的自由」
を獲得しましょう！

●

最後にお礼を述べたいと思います。この本は、パンローリンクの磯
崎さんとのお話の中で生まれました。タイトルや構成、内容も含め、
磯崎さんと一緒に作ったといっても過言ではありません。どうもあり
がとうございました！！

また、勤めやフラの先生、家事をしながらも、私を、勤めや不動産経営、
各種書籍やコラム原稿執筆、講演等に専念させてくれた妻、そして、
家族にも感謝します。

妻は、私と連帯債務者になった途端、先の悪徳金融機関・不動産会
社トラブル（融資ドタキャンによる違約金等）で 6000 万円もの損失

を出しながらも、文句のひとつも言わずに、私とともに歩んできてくれました。

　不動産会社や金融機関、保険会社、各種士業の先生、不動産経営仲間、そして、パンローリンクの皆様、家族など、皆様に感謝しながら、皆様の経済的・時間的・精神的自由の獲得を祈願して、筆（パソコン？）をおきます。

2020 年吉日　　加藤隆

◆著者プロフィール

加藤隆（かとう たかし）

　行政書士、宅地建物取引士、甲種防火管理者、管理業務主任者、マンション管理士、AFP（Affiliated Financial Planner）、2級FP技能士、システム監査技術者。バブル崩壊を生き抜いた現役最古参のサラリーマン大家。所有物件108戸、実践的・総合コンサルティング系マルチタイプ投資家。不動産経営を通じ、サラリーマンの経済的・時間的・精神的自立を提唱する。

　サラリーマンのままで、経済的・時間的・精神的自由を目標に、預貯金・外国為替・貴金属・株等の資産運用を経て、不動産経営歴33年。数々の失敗・バブル崩壊を生き抜き、リスク分散をモットーに、東京・博多・札幌・名古屋・京都・小樽・千葉に、区分所有マンション・一棟物アパート・一棟物マンション・戸建等、物件108戸を運営。総資産7億円−借入金4億円＝自己資本3億円、年間家賃収入6000万円−諸経費1000万円−借入金返済3000万円（内元本返済分2000万円）＝キャッシュフロー2000万円。節税で、所得税・住民税ゼロ。

◎主な著書

『サラリーマンだからこそ「節税大家さん」で儲けなさい！』（東洋経済新報社）
『サラリーマン大家さん　お金の借り方テクニック』（東洋経済新報社）
『不動産投資で地獄を見た人の怖い話［リスク回避と収益アップ策］　大家歴25年、数々の修羅場を乗り切った現役サラリーマン投資家が教える』（ぱる出版）
『サラリーマンショック知らずの賢い資産の築き方』（ごま書房新社）
『実例から学ぶ 不動産投資でお金を残す123のコツ —修羅場を切り抜けた大家歴26年の体験より—』（ごま書房新社）
『資産1億円なんて簡単　インディペンデント・サラリーマン入門』（青志社）
『不動産投資家なら必ず体験する! 本当にあった怖い話』（ぱる出版）　　等

◎加藤隆オフィシャルサイト　　http://kt-taka.net/

2020 年 2 月 3 日　初版第 1 刷発行

現代の錬金術師シリーズ　⑮

不動産経営は「人」で決まる！
——苦労人大家だからわかる、考えるべき本当の話

著　者	加藤隆
発行者	後藤康徳
発行所	パンローリング株式会社
	〒 160-0023　東京都新宿区西新宿 7-9-18　6 階
	TEL 03-5386-7391　FAX 03-5386-7393
	http://www.panrolling.com/
	E-mail　info@panrolling.com
装　丁	パンローリング装丁室
組　版	パンローリング制作室
印刷・製本	株式会社シナノ

ISBN978-4-7759-9171-8

本文　©Takashi Kato ／図表　©Pan Rolling　2020 Printed in Japan

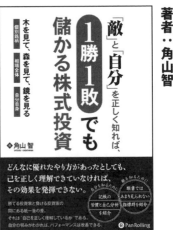

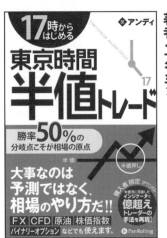

相場の上下は考えない
「期待値」で考える株式トレード術

定価 本体2,000円+税　ISBN:9784775991275

相場変動に左右されない、期待値の高い取引＝サヤ取り投資

投資で利益を出すにあたって、予測的な側面を重視する投資家の数は多いことでしょう。しかし、そのやり方では、いつまでたってもイチかバチかのギャンブル的な要素が漂う世界から抜け出すことはできません。相場の流れは誰にもわかりません。わからないということは、予測してもあまり意味がないということです。それではいったい、私たち投資家がすべきことは何なのでしょうか？ 答えを先に言うと、正しい行動を取ればいいのです。具体的には、期待値がプラスになるような優位性のある行動を取らなければなりません。運の要素を取り除いて、純粋に確率論で物事を判断する必要があるのです。

サヤ取り入門［増補版］

定価 本体2,800円+税　ISBN:9784775990483

あのロングセラーが増補版となってリニューアル!!

本書の初版が多くの個人投資家に「必読書」として絶賛されたのは、このサヤ取りを個人で実践する秘訣が、惜しげもなく披露されていたからである。筆者自身、長きにわたってサヤ取りを実践する個人投資家。だからこそ本書には、本物ならではの分かりやすさと具体性があるのだ。

為替サヤ取り入門

定価 本体2,800円+税　ISBN:9784775990360

2組の通貨ペアによる「スプレッド」投資なら
為替間のサヤもスワップ金利も一挙両得が可能

個人でもできるFXの裁定取引。例えば、ユーロ／円とユーロ／ドルなど外国為替の相関関係を利用した「低リスク」売買で「スワップ金利」だけでなく「為替のサヤ」も狙っていく投資手法それが「FXキャリーヘッジトレード」だ！

小次郎講師流 目標利益を安定的に狙い澄まして獲る

真・トレーダーズバイブル

小次郎講師【著】

定価 本体2,800円+税　ISBN:9784775991435

エントリー手法は、資金管理とリスク管理とセットになって、はじめてその効果を発揮する。

本書では、伝説のトレーダー集団「タートルズ」のトレードのやり方から、適切なポジション量を導き出す資金管理のやり方と、適切なロスカットをはじき出すリスク管理のやり方を紹介しています。どんなに優れたエントリー手法があったとしても、資金管理(適切なポジション量)とリスク管理(どこまでリスクを許容すべきか)が構築されていないと、その効果を十二分に発揮できないからです。「破産しないこと」を前提に、安定的に、目標利益を狙い澄まして獲れるトレーダーのことを、本書ではVトレーダーと呼んでいます。Vトレーダーになるために、何をすべきか。その答えを本書の中で明かしています。

稼げる投資家になるための

投資の正しい考え方

上総介(かずさのすけ)【著】

定価 本体1,500円+税　ISBN:9784775991237

投資で真に大切なものとは？
手法なのか？ 資金管理なのか？ それとも……

投資の基本原則とは何か。陥りやすい失敗とは何か。攻撃するときの考え方とは何かなど、本書では、全6章30話からなる投資の正しい考え方を紹介しています。その際、歴史の面からの事例も紹介しています。これは「真の理解をするためには、歴史の事象を学ぶことが最適である」という著者の持論によるものです。何事も、土台がしっかりしていなければ、いくら上物を豪華にしても、長くは保ちません。あせらず、ゆっくり、投資の基礎を固めることから始めてみてはどうでしょうか。「正しい考え方」が身につけば、特殊な投資テクニックなどがなくても、投資の基本を忠実に行うことで稼げるようになっていきます。